Der Autor

Dr. Chuck Spezzano und seine Frau Lency haben die „Psychologie der Vision", eine Schule der spirituellen Psychologie für das neue Jahrhundert, in fünfunddreißigjähriger Forschungs- und Praxisarbeit entwickelt. Sie bieten Vorträge, Seminare und Ausbildungen weltweit an; die Termine kann man auf der Webseite finden oder bei der „Psychologie der Vision DACH" erfahren. Auf ihrer Webseite findet man Heilmethoden, Meditationen, Übungen und täglich wechselnde Einsichten und Botschaften von ihnen in mehreren Sprachen: www.psychologyofvision.com

Die Illustratorin

Petra Kühne, 1964 in Frankfurt am Main geboren, lebt und arbeitet in Eppstein im Taunus.
Nach ihrem Studium der Soziologie war sie zunächst in Lektoraten und Redaktionen tätig, um sich dann ganz der freiberuflichen Arbeit als Künstlerin zu widmen.
Seit der Veröffentlichung der «Geschichte vom kleinen Häschen Liebe» 1998 arbeitet sie mit Chuck Spezzano an verschiedenen Kartenprojekten zusammen, zuletzt die Karten des Lebens. Die Archetypen und Schatten hat sie auf Grundlage der Kartenbeschreibungen von Chuck Spezzano gemalt.
Es sind vor allem die fließenden harmonischen Linien, Formen und Farben, die ihre Temperabilder charakterisieren. Durch die naturgetreue Darstellung von Gesten und Mimik und auch durch die häufige Verwendung von Symbolen werden Bilder mit tiefem emotionalen Gehalt erzeugt, welcher den Sinn der geschriebenen Worte in hohem Maße unterstützt.

Widmung von Petra Kühne
Ich widme die Bilder der Archetypen und Schatten
meinem geliebten Gefährten Oliver

Chuck Spezzano

Karten der Seele

Mein Wesen erkennen

90 Archetypen und Schatten

Übersetzung aus dem Amerikanischen
von Wulfing von Rohr

Kartenillustrationen
von Petra Kühne

KÖNIGSFURT-URANIA

Haftungsausschluss: Die in diesem Buch enthaltenen Informationen und Ratschläge wurden vom Autor sorgfältig recherchiert und geprüft. Eine Garantie kann dennoch nicht übernommen werden. Die Informationen und Ratschläge sind außerdem nicht dazu gedacht, die Beratung durch einen Arzt oder Therapeuten zu ersetzen, sofern dies angezeigt ist. Unter keinen Umständen sind der Autor, der Herausgeber oder der Verlag für irgendwelche Schäden oder Verluste haftbar, die dem Leser dadurch entstehen könnten, dass er sich ausschließlich auf Informationen in diesem Buch verlässt. Eine Haftung des Autors, Herausgebers oder des Verlags ist ausgeschlossen.

Hinweis zur Übersetzung: Um sowohl Männer wie Frauen anzusprechen, sind neutrale englische Begriffe oft sowohl in der männlichen als auch in der weiblichen Form übertragen worden. Das geschieht aber nicht immer, weil der Lesefluss sonst zu stark gehemmt würde. Gemeint sind mit wenigen Ausnahmen immer beide Geschlechter.

Bibliographische Information der Deutschen Nationalbibliothek
Die Deutsche Nationalbibliothek verzeichnet diese Publikation in der Deutschen
Nationalbibliographie; detaillierte bibliographische Daten sind im Internet über
http://dnb.d-nb.de abrufbar.

Die Texte und Abbildungen in diesem Buch sowie die dazugehörigen Karten sind urheberrechtlich geschützt. Weitere Reproduktionen nur nach Genehmigung durch den Verlag.

2. Auflage 2009
Krummwisch bei Kiel 2009

Copyright © 2008, 2009 by Königsfurt-Urania Verlag GmbH,
D-24796 Krummwisch, www.koenigsfurt-urania.com
Copyright © 2007 der Texte by Chuck Spezzano, Hawaii
Alle Rechte vorbehalten.

Übersetzung: Wulfing von Rohr, Webseiten: www.engeltage.org; www.bodyspirit.org
Kartenillustrationen: Petra Kühne, E-Mail: traumwelt@petralefaye.de
Umschlaggestaltung: te·ha unter Verwendung eines Motives von Pertra Kühne
Layout Buch und Karten: te·ha

Druck und Bindung: Finidr s.r.o.
Printed in EU

ISBN 978-3-86826-104-2 (Set: Buch mit 90 Karten)

Für Jeff und Sue Allen,
lieben Freunden und Mitschöpfern,
die von derselben Stimme gerufen wurden.

Dank

Ich möchte Menschen danken,
die mich beim Schreiben dieses Buches unterstützt haben:
Charlie Latiolais, Noelani Po'omaithealani
und besonders Kim Gordian, meiner rechten Hand im Büro.
Ebenso ein Dank an Hollie Prior
für wertvolle Hilfe und Lektorat,
meiner Lektorin Silvie
und der Künstlerin Petra,
meiner guten Freundin.

Widmung

Für meine Familie Lency,
Christopher und J'aime,
die Schätze meines Lebens.

Für *Ein Kurs in Wundern,*
meinem Lehrer seit neunundzwanzig Jahren.

Ich möchte all Eure Hilfe dankend anerkennen,
die dieses Buch möglich gemacht hat.

Inhalt

Einführung 10
Kapitel 1 – Die Sicht der Psychologie der Vision 14
Kapitel 2 – Die Kraft von Beziehungen 33
Kapitel 3 – Unsere Schatten heilen 48
Kapitel 4 – Umgang mit den Karten 53

Archetypen
  Adept 61
  Berserker 62
  Beschützer 63
  Bodhisattva 65
  Bote 66
  Clown 67
  Das junge Mädchen 68
  Der alte Weise 69
  Der weise Narr 70
  Die alte Weise 71
  Die Gerechte 72
  Engel 73
  Erdmutter 75
  Frau 76
  Freund/in 77
  Genie 78
  Gott 79
  Göttin 80
  Gute Fee 82
  Häuptling 83
  Hausmutter 84
  Heiler/in 85
  Held 86
  Hohepriester 88
  König 89
  Königin 90
  Kraftmensch 91
  Krieger 92

Lebendige Schönheit	93
Lehrer	94
Liebhaber	95
Magus	97
Mann	98
Mystiker/in	99
Nymphe	100
Optimist	102
Paladin	103
Pionier	104
Puer Aeternus	105
Sankt Nikolaus	106
Schamane	107
Star	108
Tantrika	110
Verbündeter	111
Versorger/in	112

Schatten

Außenseiter/in	115
Betrüger/in	116
Boss	118
Dieb/in	119
Dummkopf	120
Dunkle Göttin	122
Faulpelz	123
Fette	124
Folterknecht	125
Geizhals	126
Hexe	128
Invalide	129
Kämpfer/in	130
Kritiker	132
Lustmolch	133
Märtyrer/in	134
Monster	135
Mörder	137
Narr	138
Nörgler/in	139

Opfer	141
Prostituierte	143
Prüde/r	144
Raubtier	146
Rebell	147
Richter	148
Rivale	150
Schläger	151
Schlampe	153
Schurke	154
Schwarze Witwe	155
Schwein	157
Sklave	158
Süchtige/r	159
Terrorist	161
Teufel	162
Trunkenbold	163
Vampir	165
Verflucher/in	166
Verräter/in	167
Versager/in	169
Verstecker/in	170
Verwundeter Heiler	171
Waise	173
Zerstörer	174
Anhang	176

Einführung

Einführung

Wie die Kenntnis von Archetypen und Schatten hilft, das eigene Wesen zu erkennen

Als ich als Psychologe in der US Navy zu arbeiten begann, hatte ich selten mit Archetypen oder Schatten zu tun. Die Arbeit mit jugendlichen Drogensüchtigen musste sehr viel vordergründiger ansetzen. Jeden Tag ging es um Familien- und Täter-Opfer-Muster aus dem Unterbewusstsein; Themen aus dem Unbewussten tauchten weniger häufig auf. Ich erinnere mich aber noch ganz lebendig an ein Mal, als Schatten doch hochkamen. Ein junger Seemann in meiner Therapiegruppe beklagte sich immer wieder, wie sehr er „Blitzer" hasste, also Leute, die sich auszogen und nackt über eine Straße oder einen Platz rannten, um Aufsehen zu erregen und andere zu provozieren. Für den Rest der Gruppe wurde das ein Punkt, der immer wieder zum Schmunzeln Anlass gab, weil er so unwichtig schien im Verhältnis zu den Problemen, die es sonst in der Gruppe gab. Der junge Mann steckte in diesem Thema richtig fest, obwohl es ganz andere und viel größere Probleme zu lösen gab.

Schließlich stellte ich ihm und der Gruppe die Aufgabe, sich beim nächsten Treffen als der Mensch zu verkleiden, den sie am meisten hassten. Wir hatten dann eine Reihe von Hitlern, ein paar Verrückte, Folterknechte und andere Bösewichte. Jeder sollte fünf Minuten lang seinen Schatten auf theatralische Weise darstellen. Der junge Mann, der die Blitzer hasste, kam als letzter dran. Er war jemand, der ganz geschickt im Basteln von technischen Apparaten war. Er trug nur Stiefel und einen Regenmantel. Als er an der Reihe war, sprang er auf, schaute sich verstohlen um und riss dann mit einer übertriebenen Geste seinen Regenmantel auf. Ein siebzig Zentimeter langer mechanischer Penis sprang hervor, durch einen Federmechanismus nach oben gestreckt. Wir fielen vor Lachen fast aus unseren Stühlen.

Indem sie ihre Schatten auf eine spielerische bzw. dramatische Art und Weise ausagierten, konnten die jungen Männer die Luft aus ihren Schatten herauslassen, wie wenn man einen Luftballon mit einer Nadel ansticht. Das Ausspielen ihres Schattens hatte dazu geführt, dass sie ihn akzeptierten und ihn dann als Thema oder Problem loslassen konnten.

Als ich später mit den psychologischen Beratungen fortfuhr und anfing, Trainingsseminare zu leiten, ging ich intuitiv auf Situationen ein, in denen sich Schatten oder Archetypen zeigten, und ich verließ mich auf die Inspiration, um Wege zur Arbeit mit ihnen zu finden. Ich lernte schnell und ganz praktisch, wie man Schattengestalten transformieren konnte, und fand auch bald eine Möglichkeit, um Archetypen, wenn sie auftauchten zur therapeutischen Anwendung und Heilung zu nutzen.

Jetzt, nach mehr als fünfunddreißig Jahren psychologischer Beratung und persönlichem sowie beruflichem Coaching ist es für mich fast alltäglich geworden, Schatten zu heilen, und obwohl Archetypen nicht so häufig auftreten, bringen sie dann doch immer einen großen Zugewinn an Energie und Transformation mit sich.

Ein neuer Weg

Wenn es um Heilung geht, bin ich immer ganz praktisch orientiert. Für mich haben wunderbare theoretische Überlegungen keinen echten Wert, wenn sie nicht dabei helfen, Leid und Schmerzen zu transformieren. Wie der indianische Schamane Sun Bear es so schön sagt: Wenn ein Konzept „keinen Mais wachsen lässt", dann taugt es nicht viel. Wenn sich ein Ansatz nicht in der Alltagswelt bewährt, in der Menschen leiden, dann halte ich nicht viel davon. Deshalb hatte ich auch mein Studienfach von Philosophie zu Psychologie geändert und ging dann weiter zu Soziologie und Beratender Psychologie. Immer, wenn ich mit meinen Klienten gemeinsam auf dem Wege der Heilung war, suchte ich nach neuen Wegen, um Schatten zu transformieren und um Archetypen für Heilzwecke zu nutzen. Dieses Buch und diese Karten sind das Ergebnis dessen, was ich auf den Wegen der Heilung gefunden habe. Sie sollen dir helfen, die Schatten wahrzunehmen, die dich zurückhalten. Die Übungen, die hier vorgeschlagen werden, haben sich im Verlaufe der Jahre für viele Menschen bewährt und sie werden auch dir helfen, durch deine Schatten hindurchzugehen und all die Gaben und Talente zu sehen und anzunehmen, die dahinter versteckt sind.

Ich habe die größte Achtung für C. G. Jung, der als Erster das Land der Schatten wirklich erforscht hat. Dennoch habe ich unweigerlich meinen eigenen Pfad gefunden. Die Entdeckungen, die ich machte, ergänzen die ursprünglichen Untersuchungen Jungs und bringen doch auch einen frischen Blick auf ein uraltes Thema. Was ich entdeckt habe und hier vorstelle, ist das Resultat von Jahrzehnten „in den Schützengräben" von Beratung und Heilung mit anderen Menschen und dem, was ich erfahren habe, was für meine Klienten jedes Mal wieder nützlich und hilfreich ist.

Mein Ziel ist, dir mit diesem Buch und diesen Karten rasch verfügbare und hochwirksame Mittel an die Hand zu geben, um dich vom Bann deiner Schatten zu befreien und die Macht der Archetypen zu nutzen, um dein persönliches Wachstum zu beschleunigen.

Chuck Spezzano, im Herbst 2007

Kapitel 1

Die Sicht der Psychologie der Vision

Archetypen

Auf seiner tiefsten Ebene ist der menschliche Geist reine Energie. Er ist Licht, Liebe und Spirit. Er ist Teil des Gewebes all dessen, was ist, eine Emanation der Großen Strahlen, ein Sein innerhalb des Großen Seins, ein Teil des Geistes Gottes. Das ist Eins-Sein. Als wir uns Getrenntheit ausgesucht haben, fing unser Bewusstsein an, sich zu differenzieren. Als Folge davon erfuhren wir die dunkle Nacht der Seele, die große Trennung oder das, was Christen die Erbsünde nennen. Aus diesem extremen Leid entflohen wir weiter in die Trennung, wir strebten danach, uns von der schrecklichen Angst und Verzweiflung abzuspalten, um ein eigenes Reich zu regieren. Wir sind aus dem Himmel geflohen, oder zumindest träumten wir, das getan zu haben. Daraufhin begannen Symbole und später Zeichen als Teil unseres Geistes aufzutauchen.

Bald nahmen wir Körper an und setzten damit die Trennung fort. Archetypen, Schatten, Geschichten, Legenden und Mythen stiegen als Teil des Geistes auf. Emotionen stellten tiefgreifende Erfahrungen von Schmerz und Leid dar, aber unsere Liebe und unsere Freude waren ebenso transzendent. Wir setzten den Fall in die Getrenntheit weiter fort, aber nun, nach Millionen und Abermillionen von Jahren sind wir wieder auf dem Weg zurück zur Einheit und entwickeln uns jetzt wieder weiter.

Archetypen kommen aus dem tieferen Bewusstsein, aus dem Unbewussten bzw. unserem Seelenbewusstsein. Archetypen sind positive menschliche Symbole. Sie spiegeln das Beste unseres Menschseins wider. Es sind Muster tief in uns, die wir als Vorbild für unsere Lebensführung nehmen. Ob es nun der König, der Held oder die alte weise Frau ist: Archetypen bereichern uns und unser Leben. Ein Archetyp ist eine Konstellation von Selbstkonzepten (eine Vorstellung bzw. ein Urteil, das man sich über sich selbst bildet), ein positives Glaubensmuster, das sich auf das Leben richtet und sich dafür einbringt.

Schatten kann man als herabgewürdigte oder degenerierte Formen von Archetypen betrachten. Während die Welt zu Dualismus und einem dualistischen Bewusstsein degenerierte, schuf sie Gegensatzpaare. Für alles Gute gibt es etwas Schlechtes; für jeden Helden gibt es einen Bösewicht, für jeden Heiler gibt es einen Invaliden, für jede Tantrika eine Prostituierte und für jeden sexuellen Heiler eine Schwarze Witwe. Diese dualistische Welt beginnen wir zu überwinden, sobald wir spirituelle Vision erreichen. Man könnte sagen, dass die ganze Arbeit zur Meisterschaft darin besteht, das Gegenteil dessen, was gut ist, nicht als wahr anzunehmen. Daher der Spruch: „Alles ist gut!"

Wenn der Dualismus vorbei ist, dann erfährt man das Wissen jenseits von Zeit. Dann beginnen wir, an die Stelle der Gedanken des Ego-Verstands Inspiration, Kreativität und Führung, die aus unserem Wesen kommt, zu setzen. Wenn wir diesen Non-Dualismus erst einmal erreicht haben, sind wir reif für die Erleuchtung. Das Ende des Dualismus ist der Beginn von Freude. Dann bleiben die Archetypen als positive Selbstkonzepte bestehen, obwohl wir im Zustand von Meisterschaft auch unsere positiven Selbstkonzepte loslassen, da sie letztlich auch noch Aspekte von Trennung darstellen. Wenn wir das tun, dann öffnen wir uns für die Erkenntnis und Verwirklichung unseres Seins.

Einengende Archetypen

Wenn wir einen begrenzenden Archetyp haben, dann hat das Ego ihn entweder für seine eigenen Ziele gebraucht oder er engt uns ein, weil er uns nicht mehr länger passt, wie Kleidungsstücke, die uns als Kinder zu klein geworden waren, als wir größer wurden. Das passiert auf natürliche Weise auf der Ebene der Meisterschaft, wo wir wahres Wesenmit seinem hohen Bewusstsein und erfüllter Freude wieder gewinnen. Gleich, auf welcher Bewusstseinsebene wir uns befinden: Wenn ein Archetyp anfängt, uns einzuengen und zu beschränken und wir ihn dann loslassen, so wächst unsere Bewusstheit unseres eigenen, transzendenten Seins. Wenn wir zum Beispiel den Archetyp des Lehrers aufgeben, dann haben wir mehr Zeit für die Liebe und das Glück des Seins.

Schatten

Schatten scheinen endlos zu sein, weil sie einen Teil unserer dunklen Lebensträume bilden. Und doch ist das, was wir in Alpträumen sehen, nicht wahr. Wir schlafen tief, wenn wir glauben, dass wir uns oder andere angreifen könnten und wir benutzen die inneren Schatten, um diesen Angriff zu rechtfertigen, der aufgrund der Angst entsteht, welche solche Alpträume erzeugen.

Schatten sind Selbstkonzepte, Vorstellungen, wie wir uns selbst sehen und bewerten. Sie sind Aspekte unserer selbst, die wir bewertet und verworfen haben. Als Folge unserer Verurteilung spalten wir sie von unserem Bewusstsein ab und entweder ignorieren wir, dass wir dieses oder jenes von uns selbst abwertend meinen, oder wir agieren das als Glaubensmuster aus. Indem wir diesen Schattenaspekt von unserem Bewusstsein abspalten, begraben wir ihn erst tief in uns und projizieren ihn dann nach außen. Das bedeutet, dass wir uns dieser Glaubensmuster über uns selbst nur durch Träume und über das, was wir um uns herum wahrnehmen, überhaupt bewusst werden können. Wenn wir unsere negativen Glaubensmuster und Schatten auf die Menschen in unserer Umwelt projizieren, neigen wir dazu, die Menschen in der Welt eher zu verdammen als zu segnen. Dies führt dazu, dass der Fehler und Irrtum der Selbstverurteilung sich noch verfestigt und dass Konflikte zwischen uns und den Menschen in unserer Umgebung entstehen. Ein anderes weit verbreitetes Muster ist, im Hinblick auf einen anderen Menschen überlegen zu bleiben, und ihn aus dieser Position heraus zu bewerten.

Wenn wir glauben, und das tun wir alle, dass wir uns selbst mit Hilfe von Schatten kreuzigen könnten, dann meinen wir auch, dass wir andere damit kreuzigen könnten. Dann meinen wir, sie könnten uns kreuzigen, und dann bekommen wir Angst. Die Welt fängt an, dunkel auszusehen, furchterregend und voller Schatten. In Wahrheit hat alles mit unserer eigenen ursprünglichen Selbstverurteilung angefangen; das bedeutet indes auch, dass wir etwas daran ändern können, wie wir die Welt sehen, indem wir unsere Selbstbewertung aufgeben.

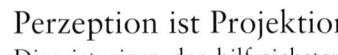

Perzeption ist Projektion

Dies ist eines der hilfreichsten therapeutischen Prinzipien, die ich gelernt habe. Perzeption, also die Wahrnehmung, ist gleichbedeutend mit Projektion, also der Übertragung von etwas von mir auf andere. In meinem Philosophiestudium habe ich viele Weltmodelle und deren Funktionsweise kennen gelernt. Als ich jedoch dieses Prinzip in *Ein Kurs in Wundern* entdeckte, bemerkte ich, dass dies eines der wirksamsten Prinzipien darstellt, um die negativen Muster im Leben von Menschen zu transformieren. Wir waren nicht mehr länger hilflose Opfer, sondern wir selbst waren für unsere eigene Wahrnehmung verantwortlich. Das passt mit Allem zusammen, was ich im Unterbewusstsein und im Unbewussten bislang erforscht habe. Dieses Prinzip gibt uns unsere Macht zurück und erlaubt uns, über das enorme Leid und die tiefen Schuldgefühle hinauszugehen, die in jeder Opfersituation „eingebaut" sind.

Im Wesentlichen bedeutet dieses Prinzip: Was wir sehen, beruht darauf, was wir glauben, und alle Konzepte sind Selbstkonzepte, alle Vorstellungen über die Welt sind Spiegelungen unserer Vorstellungen über uns selbst. Die gute Nachricht lautet: Das alles können wir ändern! Das führt zur Übernahme von Verantwortung. Man muss dabei klar unterscheiden zwischen Eigenverantwortung und der Falle von Schuldgefühlen, die dafür sorgen, das Ego weiter zu stärken, während der Fehler bzw. Irrtum von Schuldgefühlen noch vertieft wird. Schuldgefühle halten uns davon ab zu lernen, was wir lernen müssen, um uns weiterzuentwickeln. Schuld ruft immer Selbstbestrafung hervor, und dann verbringen wir unsere Zeit entweder damit, eine Welt zu erfahren, die bestraft werden muss, oder damit, uns selbst zu bestrafen.

Dass unsere Wahrnehmung zugleich Projektion bedeutet, heißt, dass wir einfach dadurch das verändern können, was wir sehen, fühlen und erleben, dass wir unsere Ansichten von uns selbst verändern. Wir können alte Glaubensmuster und Glaubenssysteme loslassen. Wir können anderen und uns selbst vergeben. Wir können Groll und Vorbehalte, Bewertungen und Schuldgefühle aufgeben sowie auch Selbstverdammung, die wir alle auf die äußere

Welt projizieren. Wir können unsere Schatten heilen und stattdessen unsere Seelengaben annehmen und verwirklichen.

Was wir in der Welt erfahren, ist buchstäblich das, was wir uns selbst nicht zugestanden, was wir abgespalten haben. *Ein Kurs in Wundern* sagt, dass unser Sinn und Zweck im Leben darin besteht, der Welt zu vergeben. Damit wir dazu in der Lage sind, müssen wir uns selbst vergeben. Wir müssen uns also vom Kreuz herabnehmen, damit wir anderen helfen können, vom Kreuz herabzukommen. Da wir uns selbst retten, helfen wir, andere zu erlösen, weil Erlösung immer etwas ist, was man nur mit anderen teilen kann. Das verlagert unsere Wahrnehmung der Welt und von anderen Menschen zu einer positiveren Sicht, und diese neue Sichtweise erlöst unsere versteckten Schuldgefühle, so dass wir einen größeren Selbstwert haben.

Schatten: Gegen dich selbst arbeiten

Unsere Schatten arbeiten ständig gegen uns, und oft genug merken wir das noch nicht einmal. Hier eine einfache Übung, die dir hilft zu erkennen, wie sehr du für dich und wie stark du gegen dich arbeitest. Wie viel deiner Energie auf einer Skala von 1 bis 100 arbeitet für dich? Nehmen wir an, es wären 70%. Nun stellst du dir die Frage, wie viel deiner Energie gegen dich arbeitet. Nehmen wir an, du kommst wieder auf 70%. Das würde bedeuten, dass du mit gleich viel Energie für und zugleich gegen dich arbeitest. Falls die gegen dich gerichtete Energie sogar 90% wäre, dann würdest du 20% in deinem Leben an Erdung verlieren. Ohne dass du es bemerkst, arbeitest du den ganzen Tag über für dich und die ganze Nacht hindurch gegen dich.

**Erklärt das vielleicht den Mangel an Erfolg
und Glück in deinem Leben?**

Wenn du jemanden in deinem Leben hättest, der so stark gegen dich arbeitet, würdest du ihn dann nicht als einen Feind betrachten? Wenn dich jemand derart sabotieren und dein Leben so zerstören würde, würdest du ihn nicht hassen oder sogar töten wollen? Es ist wirklich wahr: Du hasst dich so stark und willst dich so sehr töten. Das sind Schatten und negative Selbstkonzepte und Glaubenssysteme, die gegen dich arbeiten. Schatten reißen dein Leben herunter, während du so schwer dafür arbeitest, es aufzubauen. Du spaltest einen solch starken Selbsthass und so intensive Selbstzerstörung ab, weil du es nicht aushalten würdest, das alles zu empfinden. Die meisten deiner Schatten sind verdrängt und werden nach Außen projiziert, so dass du noch einmal merkst, dass sie auf hinterhältige Weise an dir und deinem Leben nagen. Es ist Zeit, dass du deine Schatten wahrnimmst und sie loslässt, damit du bewusst, leidenschaftlich und glücklich lebst. Es ist Zeit, dir selbst zu vergeben sowie jenen, auf die du deine Schatten projiziert hast.

Am Scheideweg

Letztlich besteht die Wirkung eines Musters von Selbstbewertung, Verdrängung und Projektion darin, dass wir an einen Scheideweg gelangen. Dort gilt es zu entscheiden, wie wir auf jene reagieren, die für uns zu Schattengestalten geworden sind. Werden wir mit Mitgefühl auf sie eingehen, werden wir den Ruf nach Hilfe hören? Oder werden wir negativ reagieren, auf eine Art und Weise, welche die Projektion fortsetzt und einen Teufelskreis in Gang hält von Schuldgefühlen-Bewertungen-Angriffen-Eigenangriffen? Wenn wir uns am Scheideweg positiv entschließen und eine neue Wahl treffen, werden wir selbst und jene, die wir bewertet haben, befreit. Wenn wir negativ reagieren, bleiben wir in einer nach unten gerichteten Spirale des Konflikts gefangen.

Angst davor, vorwärts zu gehen

Wenn wir uns unterbewusst in einem Machtkampf mit uns selbst befinden – und das passiert, wenn wir es mit Schatten zu tun haben –, dann wollen wir gar nicht vorwärts gehen. Wir benutzen die Auseinandersetzung mit etwas oder jemand anderem, um unserer Furcht aus dem Weg zu gehen, weiter vorwärtszukommen. Dieser Konflikt in uns bildet die Basis für den Kampf draußen. Wir verfangen uns in Selbstgerechtigkeit gegenüber einer anderen Person, um so zu versuchen, unsere eigenen versteckten

Schuldgefühle zu kompensieren. Das führt uns nur noch weiter in die Auseinandersetzung mit noch größerer Abwehrkraft und Verleugnung der wahren Hintergründe. Wir wollen ja auf keinen Fall unsere Schuldgefühle oder Ängste erleben, also bleiben wir lieber im Kampf stecken. Das funktioniert für das Ego, das sich auf Kampf aufbaut, ist aber nicht gut für unser Wachstum und unsere Entwicklung.

Auf einer bestimmten Ebene bewerten wir uns selbst und spalten unsere Schatten von uns ab, um mehr geliebt zu werden und um liebenswert zu sein. Das tun wir, weil wir vergessen, dass Gott das bereits festgestellt hat (dass wir geliebt werden und liebenswert sind) und dass dies gar nicht geändert werden könnte. Wir wollen das beste, liebste Kind Gottes sein, das etwas ganz Besonderes ist. In unser Besonderheit verstecken wir, wie wir uns selbst bewertet und was wir auf andere projiziert haben. Unser Ärger, unser Zorn über „die da draußen" entsteht aufgrund von Projektion und dem Gefühl, besonders zu sein.

Die Schattenmauer

Wenn wir alle Dinge richtig machen, aber aus irgendeinem Grund an eine starke, durchsichtige Mauer gestoßen sind, dann ist das ein sicheres Zeichen für die Existenz einer Schattengestalt in unserem Leben. Eine Schattenfigur erzeugt eine Wirkung, als ob wir über das Meer dahinsegeln wollten, während der Anker noch geworfen bleibt. Unsere Schatten erzeugen eine gläserne Wand oder eine gläserne Decke. Wir kommen nicht voran und wir kommen nicht nach oben. All diese Schattenmechanismen sind Teufelskreise, die sich gegenseitig nähren, um perfekte Egofallen aufzustellen. Während wir unsere Schatten leugnen und kompensieren, sorgen sie dafür, dass wir überreagieren und lieber jemanden angreifen, als auf die Situationen und Menschen um uns herum bewusst einzugehen. Sie bauen unser Ego auf und missachten dabei Wahrheit und Erfolg total.

Schatten und die tote Zone

Schatten können zu deutlichen Konflikten außerhalb unserer selbst führen, je nachdem, wie groß unser Mangel an Bewusstheit und die Stärke unserer Abwehr sind. Wir versuchen, unsere Schatten begraben zu lassen, und wir kompensieren sie, indem wir uns vor uns selbst und anderen verstecken. Als Folge unserer Kompensationen übernehmen wir schließlich eine Rolle, die wir spielen. Wir verhalten uns richtig, glauben dabei aber etwas Negatives von uns selbst. Wir spalten uns von negativen Selbstkonzepten ab, entwickeln ein gespaltenes Bewusstsein und einen Mangel an Integrität.

Das macht uns unauthentisch und wir werden in unserem Verhalten noch selbstgerechter. Wir spalten unsere Schatten ab und dann nutzen wir eine Rolle, die wir spielen, als Abwehr, was zu einer weiteren Abspaltung führt. Das ist eine doppelte Abwehr- und Verteidigungsstrategie, und früher oder später wird sie versagen, wie alle Verteidigungsmechanismen. Dann kommen Gefühle von Schuld, Wertlosigkeit, Schmerz und manchmal auch ein Schattenverhalten an die Oberfläche. Bis zu diesem Punkt herrscht die Leblosigkeit der doppelten Abspaltung vor und Wut, die sich aus Selbstgerechtigkeit und Projektion, die zu Konflikten führen ergibt. Da unser gutes Verhalten ein Verteidigungsmechanismus darstellt, mit dessen Hilfe wir unsere dunklen Selbstkonzepte verstecken, benehmen wir uns wie ein guter Mensch, aber aus dem falschen Grund. Als Folge können wir nicht empfangen. Wenn wir doch ein wenig empfangen, benutzen wir das nur, um unsere Rolle weiterzuspielen. Damit gibt es aufgrund von Rollenspielen und anderen Kompensationen keine echte Belohnung, keine wahre Regeneration, keine wirkliche Fülle. Geld und Liebe erreichen uns niemals – als Folge dieser Abwehrhaltungen. Das ist ein perfektes Rezept für Erschöpfung, Burnout und sogar blinde Wut, weil wir unnachsichtig gegen die losschlagen, auf die wir projiziert haben.

Schattenschicht

Die meisten Menschen agieren wie gute, nette und tote Leute. Das zeigt, dass wir in Rollen gefangen sind, denn Rollenspiel bedeutet meistens, dass wir keine große Lebendigkeit haben, dass nicht viele Funken sprühen, dass es an Begeisterung und Leidenschaft fehlt.

Diese „Nettigkeit", die von Rollen gebildet wird, imitiert einen guten Charakter und Authentizität. Eine solche nicht authentische „Nettigkeit" führt dazu, dass wir uns „richtig benehmen" und dass wir auf selbstgerechte Art und Weise uns über jene auslassen, die sich falsch verhalten. Wir werden zu den Guten mit den weißen Hüten, und wer nicht unsere Art von richtigem Verhalten gutheißt, ist gegen uns. Das führt oft zu politischem, religiösem oder wirtschaftlichem Fundamentalismus. Politische Korrektheit ist eine Form von Falschgeld-Ethik, die auf vermeintlich gebotenen Mustern beruht, nicht auf Wahrheit. Auf diese Weise unter Beweis zu stellen, dass man gut ist, stellt nichts anderes als eine Schicht dar, unter der wir verstecken, wo wir uns schlecht, böse und gemein fühlen. Hier geht es um das Reich der Schatten, um eine Schicht, in die wir alle negativen Selbstkonzepte gesteckt haben, die wir mit uns herumtragen. Das ist ein Bereich von Gefühlen der Schuld, des Unwerts, der Wertlosigkeit, des Eigenangriffs, der Selbstqual und der Todessehnsucht.

Die gute Nachricht ist, dass sogar diese dunkle Schattenebene nur eine Abwehr und eine Kompensation darstellt. Sie ist nicht das letzte und endgültige Ergebnis, sondern vielmehr ein Mechanismus, der sich vor unserem eigentlichen Sein und Wesen schützt, in dem unsere wahre Gutheit ist – nicht als ein Selbstkonzept, sondern als eine innerste Lebensweise. Hier ist dann die Ebene, auf der wir für den Himmel erwachen und wo sich unser Bewusstsein endlich auf Spirit einlässt und einstimmt. Hier ist der Bereich, in dem wir uns selbst so erkennen, wie Gott uns erschaffen hat.

Der Geist bzw. das Bewusstsein sieht dann so aus:

Rollen von gut, nett, schwerer Arbeit
Leblosigkeit, Erschöpfung, Projektion

Schlechte, böse, gemeine Selbstkonzepte
Schatten, Eigenangriff, Selbstbestrafung

Wahre Gutheit – Sein, Wesen – Spirit

Wie das Ego Schatten erzeugt

Die Absicht des Egos ist, seinen Fortbestand zu sichern und seine Existenz auszuweiten. Das erreicht es, indem es uns am Ende glauben lässt, dass es gar keinen Unterschied gäbe zwischen ihm, dem Ego, und uns, dem Selbst. Das ist so, als meinten wir, unser Auto zu sein oder unsere Kleidung. Unser Ego versucht tatsächlich, uns zu überzeugen, dass wir der Körper seien und nicht etwa den Körper haben. So sehr wir glauben, ein Körper zu sein, so sehr werden wir glauben, dass wir sterben. Wenn wir nicht glauben, dass wir ein Körper sind, dann glauben wir auch nicht an den Tod als solchen, sondern wir werden stattdessen glauben, dass wir auf unserer Evolutionsreise als Seele einen Übergang vollziehen, die uns schließlich zur Erfahrung unserer selbst als Spirit führt. Wenn wir wirklich ganz umfassend realisieren, dass wir Spirit sind, dann haben wir keine Angst. Wir werden dann erkennen, dass wir ewig sind und vollständig, dass wir eins sind mit Allem Was Ist.

Das Ego erzeugt Schatten, um sich selbst zu stärken. Indem wir uns auf das Ego einstimmen, spalten wir unser Bewusstsein auf, entwerfen Opferszenarien und verlieren uns selbst dabei. Wir kreuzigen uns selbst und helfen anderen dabei, das auch für sich zu tun. Das führt zu einer Welt voller Konflikte. Das Ego besteht aus Schuld, Angst, Rache, Trennung, Aufopferung, Ärger, Sucht, Konkurrenz, Auflehnung, Besonderheit; es wird immer um Aufmerksamkeit ringen, gleich, ob auf eine positive oder auf eine negative Weise. Das Ego wird uns unterbewusst von Dingen überzeugen oder irrtümliche Entscheidungen unterdrücken, die wir umgehend verdrängen. Eine der klassischen Entscheidungen, die vom Ego hervorgerufen werden, ist die Überzeugung, dass wir Versager seien, weil wir es nicht geschafft haben, unsere Familie zu retten. Wir haben uns verurteilt und dann unsere Schattengestalt des Versagers verdrängt. Hinter all unserem Tun, der schweren Arbeit und den guten Taten, wartet der Versagerschatten auf seine Chance, störend einzugreifen. Diese Schattengestalt verbirgt sich in Gefühlen der Wertlosigkeit und setzt einen Teufelskreis in Gang, der wiederum zu Todessehnsucht führt.

Als wir uns von unseren Eltern getrennt haben, indem wir unsere Verbundenheit* gebrochen haben (anstatt uns zu individuieren, was die Verbundenheit aufrechterhält), hat uns unser Ego erzählt, dass wir unsere Eltern verraten, ihre Gaben gestohlen und sie getötet hätten. Für das Alltagsbewusstsein ist das natürlich ganz offensichtlich absurd, aber diese unterbewusste Behauptung des Egos reicht aus, uns diese Schatten als die tiefsten unterbewussten Schichten einzuprägen. Das verstärkt ähnliche Eindrücke und Schatten auf einer unbewussten Ebene, wo wir gleichartige irrtümliche Ansichten über unsere Beziehung zu Gott haben.

Wenn wir glauben, dass wir Verräter seien, dann erzeugen wir Situationen in unserem Leben, in denen wir verraten bzw. betrogen werden, um so unsere vermeintliche Schuld abzuzahlen. Das funktioniert natürlich nicht. Im Gegenteil: Wir fühlen uns vielmehr mies und noch schuldiger, und damit erfüllen wir die Absichten des Egos. Jede Egolösung führt nur zu einem noch größeren Problem.

Wenn wir glauben, wir hätten unsere Eltern verraten, ihre Gaben gestohlen und sie dann umgebracht – was würden wir dann wohl glauben, was wir verdienten und wie die Welt uns behandeln sollte? Selbstverständlich sind die Schuldgefühle im Zusammenhang mit diesen irrtümlichen Glaubensmustern zu schrecklich, und so verdrängen wir sie; damit wird es umso schwieriger, sie zu finden und zu heilen. Wir kompensieren unsere eigenen Schatten, werden aber über andere Leute wütend, welche dieselben Glaubensmuster zeigen, die wir verborgen in uns tragen. Wenn wir uns nicht schuldig fühlten, würden wir nur verzweifelte Hilferufe rings um uns herum hören.

Wenn wir glauben, wir hätten Gott verraten, Seine Gaben gestohlen und Ihn ermordet, dann würden wir uns verstecken vor Angst, einen solch mächtigen Feind zu haben. Solche fehlerhaften Glaubensmuster führen zu starker unbewusster Angst und Furcht.

---

* Zu den vom Autor auf spezielle Weise verwendeten Begriffen der Psychologie der Visionen, wie Verbundenheit und so fort, siehe sein Grundlagenbuch „Es muss einen bessern Weg geben", Via Nova Verlag.

Schatten und Hass

Schatten sind eine Form von Selbsthass. Wenn wir sie nach außen projizieren, werden daraus die Figuren, die wir in der Welt hassen. Das begründet einen Teufelskreis von Hass und Selbsthass. Deshalb ist Vergebung das wichtigste Heilungsprinzip. Sie zerbricht den Zyklus des Teufelskreises und verändert unsere Wahrnehmung. *Ein Kurs in Wundern* betont die Bedeutung unserer Wahrnehmungen und Projektionen:

> „Wenn du mit einem Bruder zusammen bist, dann lernst du, was du bist, weil du *lehrst,* was du bist. Er wird darauf entweder mit Schmerz oder mit Freude reagieren, je nachdem, welchem Lehrer *du* folgst (dem Ego oder dem Heiligen Geist). Dein Bruder wird eingeschlossen oder befreit, entsprechend deiner eigenen Entscheidung, *und das wirst du auch!*"

Schatten und Selbsthass

Unsere Schatten repräsentieren negative Glaubensmuster, die wir über uns selbst hegen – es sind Selbstkonzepte, also Vorstellungen darüber, wie wir selbst seien, die wir hassen. Dieser Selbsthass führt zu Eigenangriff und Selbstqual. In *Ein Kurs in Wundern* heißt es, dass wir uns über eine Klippe stürzen würden, wenn wir wüssten, was wir wirklich von uns selbst glauben. Das ist nur ein Teil des Einsatzes unseres Egos, um Selbstzerstörung zu bewirken. Ohne Bewusstwerdung können unsere Gefühle des Selbsthasses zu fatalen, tödlichen Höhen ansteigen, zu Krankheiten führen und fürchterliche Opfersituationen in unserem Leben heraufbeschwören, trotz all unser Abwehr und unserer Achtsamkeit.

Ein Kurs in Wundern spricht davon, wie das Ego mit sich selbst über Kreuz liegt, im Hinblick auf seine eigenen Absichten. Es heißt dort:

> „Sein Ziel ist, *seine eigenen Absichten zu durchkreuzen.* Das weiß es nicht, weil es nichts weiß. *Du* aber kannst das wissen, und du wirst es wissen, wenn du bereit bist, dir anzusehen, was das Ego aus *dir* gemacht hat."

Ein Beispiel dafür ist, dass unsere Wünsche und Sehnsüchte in dem Maße steigen, wie unsere Schatten anwachsen und unser Selbsthass größer wird. Das Ego unterstützt dieses Ziel, als ob unser Ableben nicht auch sein eigenes bedeuten würde. Das Ego hat weder unser höchstes Interesse im Sinn noch sein eigenes.

 Schattengestalten erkennen

Nach meiner Erfahrung sind manche Schatten dermaßen tief verdrängt worden, dass wir sie wohl fast nie aufspüren und heilen können, wenn wir nicht eine wirksamere und schnellere Therapiemethode oder einen entsprechenden besseren spirituellen Weg finden als die bisher bekannten und üblichen. Schatten scheinen nach einem bestimmten Heilungsfahrplan aufzutauchen und sie sammeln sich, wenn wir sie nicht auflösen.

Da jede Schattengestalt in unsere Welt Einzug gehalten hat, um zur Heilung beizutragen, legt das Ego es darauf an, dass wir nur bemerken, wie sehr wir verletzt worden sind und wie wir selbst gegen die Person ankämpfen müssen, welche unseren projizierten Schatten darstellt. Unser höheres Bewusstsein lässt uns andererseits wissen, dass alles ein Teil unserer Heilung ist und dass es einen besseren Weg geben muss, als unseren Frieden mit Bewertungen und Kämpfen zu ruinieren.

Das Ego schreit oder albert herum, es verlockt oder bedrängt uns, damit wir uns ja nur immer nach seiner Nase richten. Die Menschen reagieren auf die Welt um sie herum und erkennen dabei nicht, dass die Welt ein Spiegel ist, der ihr eigenes Bewusstsein reflektiert. Wir können uns also entscheiden, ob wir unsere inneren Konflikte ausleben wollen, indem wir sie auf die Umwelt projizieren, oder ob wir ohne Bewertung in echter Hilfsbereitschaft leben möchten. Diese Wahl, die wir haben, verleiht uns die Macht, die Welt zu verändern.

Wir können unsere Schatten auf Menschen, Orte oder Dinge projizieren. Leute aus allen Bereichen können dazu gehören, wie Politiker, Soldaten, Bürokraten, Ärzte, Kirchenleute, Zahnärzte, Geschäftsleute oder Rechtsanwälte. Wir können auf ganze Länder und Nationen projizieren, auf Rassen, auf historische und mythische Gestalten und sogar auf Cartoonfiguren. Wir können Menschen bei der Arbeit, in unserer Familie, Vertreter des öffentlichen Lebens und Bekanntschaften, die wir kaum kennen, zu unseren Schatten machen. Viele Menschen in der westlichen Welt, mit denen ich gearbeitet habe, hatten Hitler als eine ihrer Schattengestalten. Viele Leute haben kriminelle oder dämonische Schatten. Das sind alles Selbstkonzepte, festgefügte Ansichten über uns selbst, und entsprechend gehen wir dann auch mit uns selbst um.

Ich erinnere mich daran, dass ich als kleiner Junge im Haus meiner Großeltern oft früh am Morgen nach unten kam und hörte, wie mein Großvater über die schlimmen Dinge in der Zeitung schäumte. Ich erinnere mich auch an eine lange Reihe von Workshops auf dem Big Island von Hawaii. Ich lernte ein Ehepaar von einem Delphinprojekt kennen, das jeden Morgen mit mir im Fitnessraum war. Die Frau las einen Horrorroman, während sie auf der Tretmaschine ihre Übungen absolvierte. Ich fragte ihren Mann, der neben mir auf einem Rad saß, ob er auch Horrorromane lese. Er hielt die Zeitung hoch und meinte nur, „Mehr Horror als das brauche ich nicht an einem Tag."

Schatten tauchen auch in unseren Träumen auf, ob das nun Wachträume oder solche während des Schlafes sind. Alle Monster und fiesen Kerle, die in unseren Träumen hinter uns her sind, oder sogar in unserem Alltagsleben, sind nichts anderes als unsere Schatten, die zu uns nach Hause kommen wollen. Je näher uns die Person steht, welche unseren Schatten verkörpert, oder je stärker unsere Reaktion auf eine Schattengestalt ist, desto wichtiger ist diese Schattengestalt für unsere Heilung. Schatten stellen unter Umständen fehlende Puzzlestücke dar, die uns helfen können, den Schritt in das nächste Stadium unseres Lebens zu machen, wenn wir über die Bewusstheit verfügen und eine heilende Haltung gegenüber unseren Schatten einnehmen und gegenüber jenen, auf die wir sie projiziert haben.

Es kann schwierig sein, Schatten als solche zu erkennen. Wenn wir sie nicht projizieren und uns nicht in Folge dessen über alle möglichen Leute in der Welt aufregen würden, wüssten wir nicht, dass diese Schattenfiguren in unserem Bewusstsein an uns zehren und sich in abträglicher Weise auf unsere Gesundheit, Erfolg und Beziehungen auswirken. Insofern verdienen die Menschen, auf die wir projiziert haben, ein gewisses Maß an Dankbarkeit. Ohne sie hätten wir nur geringe Chancen herauszufinden, wo wir uns selbst attackieren und was uns zurück hält. Gemeinsam können wir heilen und den Schritt nach vorn machen. Wenn wir unsere Brüder vor sich selbst retten, erwidern sie den Gefallen. Gegenseitigkeit und Freundschaft wächst und Schritt für Schritt befinden wir uns in einer besseren Welt, weil wir aufrichtig sind, uns selbst vergeben haben und das Mitgefühl aufgebracht haben, anderen zu helfen, anstatt sie anzugreifen.

Selbstverdammung und Schatten

Schatten sind auf der Selbstverdammung aufgebaut, die mit Bewertungen beginnt und in Schuldgefühlen und Selbstbestrafung endet. Da Schuldgefühle unerträglich sind, verdrängen wir sie. Das stoppt allerdings nicht die Selbstbestrafung. Und da wir uns selbst derart angreifen, finden wir es manchmal auch in Ordnung, andere Menschen zu attackieren. Dazu zählen unter Umständen auch Leute, auf die wir unseren Schatten nicht projiziert haben. Die Bewusstseinsabspaltung, die aufgrund unserer Verdrängung entsteht, hat uns so gefühllos gemacht, dass wenn wir uns selbst angreifen, wir auch ohne weiteres andere auf ähnliche Weise attackieren. Wenn wir uns selbst gegenüber gefühllos geworden sind, bemerken wir nicht mehr, wenn andere verletzt werden.

Die verborgene Seite der Selbstverdammung

Wir sind uns selbst gegenüber sehr hart. Wir drängen, verurteilen und attackieren uns selbst. Darunter versteckt sich jedoch etwas, was wir nie gedacht hätten. Darunter verbirgt sich etwas, was das Gegenteil davon zu sein scheint, dass wir uns selbst gegenüber hart ins Gericht gehen. Dieses Verhalten versteckt einen Platz und eine Haltung. Wo wir die Selbstverdammung dazu benutzen, einzufordern, dass die Dinge sich nach unserer Nase richten. Wir wollen das Leben „my way", auf meine eigene Weise, haben, wie die berühmte Liedzeile von Frank Sinatra besagt: „I did it my way". Dieses Gesicht des Rebellen zeigt sich sowohl im Eigenangriff als auch in der verkleideten Erlaubnis, die wir uns selbst erteilen, Entscheidungen zu treffen und Dinge zu tun, wie es unserem Egowillen zusagt, anstatt auf eine aufrichtige Weise.

 Schatten und *My Way*

Jeder Schatten und seine daraus folgende Selbstverdammung verbergen eine Ebene, auf der wir die Dinge nach unserer Nase machen. Wir nennen das Freiheit. Das ist jedoch nur ein Vorwand, um zu tun, was wir wollen, aber keine echte Freiheit. Vielmehr steckt dahinter abgespaltene Unabhängigkeit und Suchtverhalten*. Freiheit macht uns frei und dann wollen wir auch andere befreien. Unabhängiges Suchtverhalten führt nur zu Aufopferung. Das ist keine Freiheit. In manchen Fällen führt es zu Leiden und chronischen Problemen – ein sehr hoher Preis, den man für den Willen bezahlt, es nach der eigenen Nase zu machen.

Während wir die ganze Zeit versuchen, es „my way" zu machen, möchte unser schöpferisches Bewusstsein, inspiriert vom Himmel, uns all das geben, was uns wirklich frei und glücklich macht. Das fängt ganz typisch damit an, dass es uns aus dem Schlamassel herausholt, in den wir uns selbst mit Selbstverdammung, Schatten und willentlicher Abkehr vom Weg der Wahrheit gebracht haben. Dann schlägt es uns Dinge vor, die uns wirklich glücklich machen würden. Diese Inspirationen sind bereits in uns vorhanden, wenn wir nur bereit wären, darauf zu hören. Um sie zu hören, brauchen wir nur unseren Ichwillen zugunsten unseres wahren Willens aufgeben.

Das führt uns zurück zu unserem Sein und zum Frieden. Das ist ein Ort in uns, der große Gaben und Segnungen bereit hält. Das ist der Weg nach Hause, zu uns selbst und zum Himmel. Das vermittelt uns eine Erfahrung unserer wahren Gutheit als Kinder Gottes

---

* Zu den vom Autor auf spezielle Weise verwendeten Begriffen der Psychologie der Visionen, wie Unabhängigkeit, Suchtverhalten und so fort, siehe sein Grundlagenbuch „Es muss einen bessern Weg geben", Via Nova Verlag.

anstatt des Gutseins und der Nettigkeit, die wir zur Schau stellen, um unsere Schatten und dunklen Selbstkonzepte zu verbergen. Wenn wir in unser Sein gelangen, ist das der Beginn unserer wahren Freiheit und Macht. Wenn du dich umsiehst, wirst du feststellen, dass die meisten Menschen vor solcher Freiheit und Macht Angst haben. Unsere Freiheit ist ein Schritt mehr auf dem Weg zu einem größeren Glück, das ganz natürlich aus Frieden und Sein entsteht.

Entscheidung für die Wahrhaftigkeit

Es ist Zeit, einen neuen Standpunkt einzunehmen und aus dem Teufelskreis von Schatten, Selbstverdammung und „nach meiner Nase" auszubrechen. Es ist Zeit, die dunklen Wolken der Schatten zu zerstreuen und uns zu erkennen, wie wir wirklich sind. Wenn wir das entdecken, werden wir größere Liebe und tieferes Glück finden, da sie Teil unseres Wesens sind. Die Zeit wird knapp und wir dürfen nicht noch mehr Zeit verschwenden. Gerade Schatten vergeuden unser Leben mit ihrer falschen Negativität. Wir sollten nicht halbherzig in unserem Wunsch sein, vorwärts zu gehen, sonst führen wir ein halbherziges Leben. Entschließen wir uns voll und ganz dazu, unsere Schatten zu heilen. Jenseits der falschen Dunkelheit, die wir in uns begraben haben, liegt eine völlig neue Welt der Leichtigkeit und Segnungen. Leben wir nicht mehr länger in dunklen Selbstkonzepten: das Licht ist da!

Wenn wir unseren Schatten vergeben, ob wir sie nun außerhalb von uns oder in uns finden, wird unser Leben reicher. Geben wir uns völlig in die Verwirklichung unserer Ganzheit hinein. Wenn wir uns selbst kein guter Freund sind, wie sollten wir dann irgend jemand anderem ein Freund sein? Wenn wir uns selbst nicht kennen und lieben, wie könnten wir dann jemand anderen kennen und lieben? Jedes Mal, wenn wir uns selbst vergeben, sehen wir andere klarer. Jedes Mal, wenn wir einen Schatten loslassen, sehen wir die Welt als einen unschuldigeren Ort, weil es im Filter, durch den wir die Welt wahrnehmen, ein dunkles Selbstkonzept weniger gibt. Wenn wir unsere Schatten heilen, sehen wir eine hellere Welt – eine Welt, die nach unserem Mitgefühl verlangt und nicht unsere

Verdammung erwartet. Das Leben ist zu kurz, um von Schatten verkrüppelt zu werden und um unter dunklen Wolken zu leben, die wir törichterweise selbst gemacht haben.

Leben wir das Leben aus der Fülle, voller Begeisterung und so glücklich, wie es für uns gedacht ist. Das ist der Wille des Himmels für uns. Lassen wir das auch zu unserem Willen werden. Leben wir nicht länger nur halbe Leben im Sklavendienst für Lügen. Es gibt zu viel Schönheit, es gibt zu viel Liebe – und die ist dir so nahe wie der Mensch neben dir.

Die Barrieren, die Schatten erzeugen, sind unecht. Nehmen wir unser Leben wieder in die eigenen Hände und leben wir voll und ganz erfüllt. Lassen wir uns nicht mehr von der Dunkelheit binden. Wenn wir uns dazu entschließen, fangen das Ego und seine Trennung an, sich aufzulösen. Das Leben weitet sich und kommt uns entgegen, während wir uns öffnen und dem Leben entgegenkommen. Es gibt keine Schatten mehr, es gibt keine Minenfelder mehr – weder für uns selbst noch für geliebte Menschen, weder für unsere Kinder noch für Freunde oder Angehörige.

Wenn wir unsere Schatten heilen, wird die Welt segensreich, sie wird zu einem Ort, an dem zu leben es sich lohnt. Schau dir die Welt an. Da ist so viel, das geheilt werden muss. Wir haben eine weite Strecke vor uns, bevor wir uns ausruhen könnten, und wir haben Versprechen abgegeben, die wir noch einlösen müssen. Die Welt hängt davon ab. Machen wir es uns nicht mehr länger in der Selbstzufriedenheit der Selbstverdammung bequem. Wachen wir auf für ein besseres Leben!

Kapitel 2

Die Kraft von Beziehungen

Liebe ist die beste Art und Weise, den Himmel auf Erden zu haben. Um Liebe und den Frieden zu haben, der sie erzeugt, müssen wir uns selbst an jeden und alles geben. Das ist natürlich eine ziemliche Herausforderung angesichts der Neigung unseres Egos, uns hinterlistig in die irrtümliche Einstellung zu führen, alle und alles um uns herum zu bewerten. Der Himmel, die Erfahrung von Einheit und von Eins-Sein, muss seinem Wesen nach alle und alles einschließen. Deshalb müssen wir jeden einschließen, wenn wir den Frieden und die Freude des Himmels erleben wollen. Wenn wir uns mit Menschen verbinden, besonders mit jenen, die unsere Schatten ausleben, dann erfahren wir eine Rückverbindung unseres Bewusstseins und unseres Herzens an den Stellen, an denen sie gespalten wurden. Das verbindet uns auch wieder mit der Gnade und dem Segen von Sein.

Unser ganzes Leben hindurch wird eine Schicht von Schatten nach der anderen auftauchen, damit wir uns selbst heilen und anderen helfen können. Das erhebt uns und trägt uns weiter voran. Darin liegt die Kraft, Wahrheit und rechtes Bewusstsein den Menschen zu bringen, die wir nun akzeptieren. Das gesamte Feld des menschlichen Bewusstseins entwickelt sich in dem Maße, wie wir selbst das tun, und als Folge wird die Welt ein besserer Ort. Wenn man sich die Welt so anschaut, haben wir noch eine ziemlich lange Wegstrecke vor uns, aber es ist für uns persönlich und als Kollektiv entscheidend, dass wir überhaupt in die richtige Richtung vorangehen. Wie e. e. cummings in einem seiner Gedichte schreibt:

„ich würde lieber einem einzigen vogel beibringen zu singen, als zehntausend sternen, nicht zu tanzen."

Wenn Beziehungen heilen, heilt alles. Die schnellste Methode, um ganz zu werden, oder richtiger: um unsere Ganzheit zu erkennen, ist durch Beziehungen. Jemanden auszuschließen bedeutet, einen Teil von uns selbst nicht mit einzuschließen. Wo es zwischen uns und anderen eine Kluft gibt, gehen wir nicht vorwärts und sind in unserem Bewusstsein gespalten. Jemand, der für uns eine Schattengestalt darstellt, repräsentiert einen Ort von Hass und Selbsthass. Das ist ein Ort, an dem wir in einem Konflikt gefangen sind.

Wir brauchen unsere Brüder und Schwestern. Sie sind die ganze Welt für uns. Sie sind unser Weg heim. Sie sind unsere Treppe in den Himmel. Wie sie sich verhalten, zeigt uns, wie wir von uns selbst denken. *Ein Kurs in Wundern* stellt fest: „Wenn sie dir nicht den Christus gezeigt haben, hast du ihnen nicht den Christus gezeigt." Und weiter: „Immer wenn sich zwei Söhne Gottes begegnen, bekommen sie wieder eine Chance zur Erlösung. Verlasse keinen anderen, ohne ihm Erlösung gegeben zu haben und sie auch selbst zu empfangen."

Das Beziehungsmodell

Vor einigen Jahrzehnten, in den ersten zehn Jahren meiner Beratungstätigkeit als Psychologe, erkannte ich, dass hinter allen Problemen Beziehungsprobleme stecken. Und damit konnten also auch alle Probleme gelöst werden, wenn man die Probleme in den Beziehungen der Menschen heilen würde. Im Verlaufe der Jahre habe ich das „Beziehungsmodell der Wirklichkeit" entwickelt. In diesem Modell sieht man, wie alles, was uns passiert, als Folge unserer Beziehungen geschieht. Was sich in unseren Beziehungen abspielt, spiegelt unsere Beziehung zu uns selbst wider, und unsere Beziehung zu uns selbst hat mit unserer Beziehung zum höheren Selbst, unserem Spirit und Gott zu tun. Für mich ist dieses Modell das beste „über den Daumen gepeilte" Modell der Realität und wie sie funktioniert. Es ist das beste Modell für mich, weil es mir half und weiter hilft, anderen Menschen zu helfen, ihre Welt und ihre Wirklichkeit positiv zu verändern.

Wenn man es zweidimensional darstellt, sieht dieses Modell so aus:

Was uns geschieht	
entsteht aus	unseren Beziehungen
und die entstehen aufgrund	unserer Beziehung zu unserem Selbst
und diese entsteht durch	unsere Beziehung zu unserem höheren Selbst, Spirit und Gott

Das bedeutet, dass wir das, was um uns herum durch Beziehungskonflikte geschieht transformieren können; und wir können Beziehungskonflikte in uns selbst heilen, indem wir eine tiefere Ebene unseres eigenen Bewusstseins heilen. Die alltäglichen zwischenmenschlichen und innerpsychischen Konflikte können wir transformieren, indem wir unsere Beziehung zu Gott transformieren. Wenn wir versuchen, die Umwelt zu verändern, ohne dass wir eine tiefere Veränderung in uns selbst vollziehen, so kann das nur zu Versagen führen; sollten wir damit doch Erfolg haben, würde der extrem lange auf sich warten lassen. *Ein Kurs in Wundern* bezeichnet dieses interpersonale Modell als ein evolutionäres Modell und sagt darüber in dieser Passage (und anderen):

„Das Ziel ist ... dich selbst zu erkennen. Sonst gibt es nichts zu lernen. Jeder sucht nach sich selbst und nach der Macht und Herrlichkeit, die er glaubt, verloren zu haben. Immer, wenn du mit einem anderen zusammen bist, kannst du sie wieder finden. Deine Macht und Herrlichkeit sind in Ihm, weil sie deine sind. Das Ego versucht, sie in dir selbst zu finden, weil es nicht weiß, wo es sonst danach suchen sollte. Aber der Heilige Geist lehrt dich, dass wenn du nur dich selbst anblickst, du dich *nicht* selbst finden kannst, weil du (nur) das nicht bist."*

Bruderschaft

Der Kurs spricht immer von der Bedeutung von Bruderschaft. Er bezieht sich auf alle Menschen in unserer Umgebung und sagt:

„Vergiss niemals deine Verantwortung dem anderen gegenüber, weil das deine Verantwortung für dich selbst ist. Gib ihm Seinen Platz im Himmelreich und du wirst deinen bekommen. Das Himmelreich kann man *nicht* alleine finden, und ihr, die ihr das Himmelreich *seid*, könnt euch selbst *nicht* alleine finden."

---

* Der Autor zitiert eine in den USA existierende Niederschrift, die ihm vorliegt, von „Kurs in Wundern", die nicht genau identisch ist mit der gedruckt erhältlichen Verlagsausgabe.

Wenn der Kurs von Versöhnung und Erlösung spricht, stellt er fest, dass wir – sobald wir die Wahl getroffen und uns dafür entschieden und erkannt haben, was uns das Ego angetan hat – den Wert unseres Bruders zu verstehen beginnen und auch, dass wir ihn bislang nicht deutlich wahrgenommen haben. *Ein Kurs in Wundern* sagt in diesem Zusammenhang:

„Wenn du dich entschieden hast, wirst du anfangen zu verstehen, warum du geglaubt hast, wenn du einem anderen begegnet bist, dass er jemand anderer sei. Und jede heilige Begegnung, in die du voll und ganz eintreten kannst, wird dich lehren, das dem nicht so ist. Du kannst immer *nur* einem Teil deiner selbst begegnen."

In den ersten zehn Jahren meiner Arbeit als Psychologe entdeckte ich, welche wesentliche Rolle Beziehungen für Glück oder Versagen spielen. Ich fand heraus, dass alle Probleme im Kern Beziehungsprobleme waren und dass es kein einziges Symptom gab, sei es in der Gesundheit oder anderen Bereichen, das nicht aus einem Beziehungsthema stammte. Beziehungen waren und sind der wichtigste Einzelfaktor in unserem Leben, und Verbundenheit, „bonding"*, ein anderer Begriff für Liebe, ist das Kernthema bei Beziehungen. Je verbundener wir sind, desto weniger sind wir auf die Trennung und die Auflehnung des Egos ausgerichtet, das an der Wurzel aller Probleme steckt. Verbundenheit vermittelt uns Verbindungslinien zu anderen und in der Folge zum Leben. Je verbundener wir sind, desto mehr Erfolg haben und desto mehr Leichtigkeit spüren wir. Es ist paradox, aber: Je verbundener wir sind, desto freier fühlen wir uns. Wenn wir uns verbinden, dann wird damit aus uns nicht etwas anderes, sondern wir gelangen in unser wahres Selbst.

Die Heilung von Schatten wird lebenswichtig, weil Schatten Widerstandsnester sind, die das Ego ausgeheckt hat. Schatten verstärken Schuldgefühle, weil sie auf dem Irrtum, dem Missverstehen von Schuld aufbauen. Wertlosigkeit blockiert jede Art von

---

* Begriffe aus der „Psychologie der Vision" werden im Buch „Es muss einen besseren Weg geben" behandelt; Via Nova Verlag.

Selbstverpflichtung oder Verbindung, da wir nicht spüren, dass wir oder irgend jemand anderes ständige Aufmerksamkeit verdient.

Wie unmöglich es ist, die Wirklichkeit eines anderen zu deuten

Jetzt kommen wir zu einem wichtigen Teil des Puzzles. Es geht darum zu begreifen, dass wir uns selbst nur dann zerstören können, wenn wir versuchen, die Realität eines anderen Menschen zu deuten. *Ein Kurs in Wundern* sagt dazu ganz klar und eloquent, dass unser Wunsch, die Motive des Egos eines anderen Menschen zu analysieren, letztlich nur deshalb entsteht, weil wir die Wirklichkeit vermeiden wollen. Die Beschäftigung und Deutung der Welt eines anderen führt uns in endlose Auseinandersetzungen. Der Kurs beschreibt den Angriff auf die Realität unseres Bruders, indem wir seine Motive zu analysieren versuchen, mit den Worten: „Das ist die moderne Entsprechung zur Inquisition." Die folgenden Passagen aus *Ein Kurs in Wundern** sind dafür besonders aussagekräftig.

> Die Analyse der Ego-Motivationen ist sehr kompliziert, sehr verdunkelnd und *niemals* ohne das Risiko, dass dein eigenes Ego daran beteiligt ist. Der ganze Prozess stellt einen deutlichen Versuch dar, *deine* Fähigkeit unter Beweis zu stellen, dass du verstehen kannst, was du wahrnimmst. Das wird von der Tatsache unterstrichen, dass du auf deine Deutungen so reagierst, als ob sie *zutreffend* wären, und dass du deine Reaktionen zwar in deinem Verhalten kontrollierst, *nicht jedoch emotional*. Da tritt offensichtlich eine Spaltung im Geist auf, mit welcher du die Integrität deines eigenen Bewusstseins attackierst und eine Ebene gegen die andere ausspielst.

---

* Zur Erinnerung: Der Autor zitiert eine in den USA existierende, ihm persönlich vorliegende Niederschrift von „Kurs in Wundern", die nicht exakt mit der bei uns gedruckt erhältlichen Verlagsausgabe übereinstimmt (die im Greuthof Verlag erscheint). Deshalb können hier also auch weder Seitenverweise auf die deutsche Druckausgabe erscheinen, noch kann die Übersetzung mit bestimmten Passagen in der deutschen Ausgabe identisch sein.

Die Gefahr dabei für euren eigenen Geist mag noch nicht ganz klar aufscheinen. Das heißt allerdings nicht, dass sie nicht vorhanden wäre. Wenn du darauf beharrst, dass ein Hilfeschrei etwas Anderes sei, wirst du auf etwas *Anderes* reagieren, und deine Reaktion entspricht zwar deiner Wahrnehmung der Realität, allerdings nicht der Wirklichkeit, wie sie tatsächlich *ist*. Das ist eine schwache Form, die Wirklichkeit zu erfassen.

Es gibt nichts, was euch daran hindern würde, alle Hilferufe als genau das zu erkennen, *außer* eurem eigenen eingebildeten Bedürfnis anzugreifen. Nur *das* macht euch willens, euch in endlose Kämpfe mit der Realität zu verstricken, in denen ihr die Wirklichkeit der Notwendigkeit zur Heilung *leugnet*, indem ihr *sie* unwirklich macht.

Das würdet ihr nicht tun, außer aufgrund eurer Unwilligkeit, die Wirklichkeit wahrzunehmen, die ihr von euch fern haltet. Es ist sicher ein guter Rat, euch zu sagen, dass ihr nicht das bewerten sollt, was ihr nicht versteht. Niemand, der persönliche Motive hat, ist ein zuverlässiger Zeuge für irgend etwas, denn die Wahrheit ist für ihn zu dem geworden, wie er selbst sie haben will. Wenn du nicht bereit bist, eine Bitte um Hilfe als das wahrzunehmen, was sie ist, dann liegt das daran, dass du nicht bereit bist, zu helfen und Hilfe zu empfangen. Die Analyse der wahren Motive des Egos ist die moderne Entsprechung der Inquisition. Denn bei beiden werden die Irrtümer des Bruders aufgedeckt und dann wird er, (angeblich) um seinetwillen und um ihm etwas Gutes zu tun, angegriffen. Was kann das anderes als Projektion sein? Seine Irrtümer lagen im Geist *seiner* Interpreten, die *ihn* dafür bestraften.

Der Text führt dann weiter aus, dass wenn du einen Hilferuf nicht erkennst und nicht darauf hörst, dich damit weigerst, dir selbst zu helfen; du brauchst jedoch Hilfe. Nur wenn wir auf die Bitten eines Bruders um Hilfe eingehen, wird uns selbst auch geholfen, weil wir nur dann den Wunsch Gottes erkennen können, uns zu helfen.

> Lass dich dann nicht täuschen über deinen Bruder und sieh nur seine liebevollen Gedanken als seine Realität an, denn indem du *nicht annimmst,* dass sein Bewusstsein gespalten ist, wirst du *deins heilen.*

Wenn wir bewerten und projizieren, errichten wir eine Schattenwelt, mit der wir uns dann herumschlagen müssen. Diese Schatten sind jedoch Fehlwahrnehmungen, die aufgrund unserer Selbstbewertungen entstanden sind. Damit ist keine Angst, die wir haben, eine Wahrheit. Wir täuschen uns selbst in uns selbst und haben als Folge dann Angst vor uns selbst, unseren Brüdern und Gott. *Ein Kurs in Wundern* sagt, dass wir nur den Heiligen Geist um seine Interpretation bitten müssen, um frei von Angst zu werden.

> Frage den Lehrer der Wirklichkeit, was deine Ängste sind, und wenn du Seine Antwort hörst, wirst auch du über sie lachen und sie durch Frieden ersetzen. Denn Ängste haben keine Wirklichkeit, außer in der Vorstellung von Kindern, die sie nicht *verstehen.* Nur der Mangel an Verstehen ängstigt sie, und wenn sie lernen, wahrhaft wahrzunehmen, haben sie keine Angst mehr, wenn man versucht, sie zu ängstigen. Es ist nicht die Realität deiner Brüder, deines Vaters oder deine eigene, die dich ängstigt. Du weißt nicht, was sie *sind,* und deshalb nimmst du sie als Geister und Monster und Drachen wahr.

Unsere Urteile sind so alles durchdringend; sie stellen den Stoff dar, aus dem unsere Wahrnehmung gemacht wird. Echte Wahrnehmung ist ein Erkennen und Unterscheiden ohne Bewertungen. Der Kurs sagt, dass erst aus den Bewertungen alles Leiden der Welt entsteht. Aufgrund von Urteilen verlassen wir unseren Bruder und tun so, als ob weder er noch wir selbst Hilfe brauchen.

Akzeptiere die sich ständig verändernde Wahrnehmung deines Bruders von sich selbst nicht, denn sein gespaltenes Bewusstsein ist deines, und du wirst deine Heilung nicht ohne seine annehmen. Denn ihr teilt euch die wahre Welt, wie ihr euch auch den Himmel teilt, und seine Heilung ist deine.

Die Wichtigkeit, in Beziehung zu sein

Die Bedeutung von Beziehung wird damit für unsere Evolution entscheidend und sie wird auch zum wichtigsten Ziel der Selbsterkenntnis. Evolution ist Bewegung hin auf Einheit. Partnerschaft, Teamarbeit und Gemeinschaft sind deshalb ein notwendiger Teil dieses Prozesses, dieses Aufbaus. Wenn sie einmal erreicht sind, dann strebt man nach den mehr spirituellen Zielen von Einheit, Vereinigung und Eins-Sein. Der Himmel ist das Bewusst-Sein vom Eins-Sein. Wir heilen uns selbst und transformieren die Welt durch unsere Verbindungen untereinander. Unsere Verbindung mit anderen heilt den falschen Glauben an die Trennung. Wenn wir Verbindung aufnehmen, entdecken wir uns selbst wieder und wir entdecken die Gaben, die lange schon im Bewusstsein geschlummert haben. Wenn wir unsere Beziehung zu uns selbst heilen, tauchen erneut ungeahnte Gaben auf. Allerdings erkennen wir diese Gaben solange nicht voll und ganz als die unseren an, bis wir sie mit anderen teilen.

Wir können uns entscheiden, die Welt mit den Augen der Vergebung anzusehen. Dies bewirkt die Wiederbegründung von Verbundenheit, was wiederum die Illusionen von Angst, Trennung und Schuld zerstreut. Wenn wir anderen vergeben, dann lassen wir damit die Vergangenheit los, die uns nicht nur zurückhält, sondern auch von anderen trennt. Dann erfahren wir neue, unmittelbare Ebenen von Beziehung. Vergebung bedeutet, dass wir keinen Grund als einen Vorwand benutzen werden, nicht in Beziehung zu sein und uns nicht ganz zu geben. Das bringt uns Frieden in der Situation, und das führt dann dazu, dass wir die Situation anders betrachten. Diese Veränderung der Sichtweise ist die Essenz von

Heilung und Transformation. Solange du nicht Frieden spürst, ist die Vergebung noch nicht abgeschlossen. Falls der Friede, den wir fühlen, andere oder unser Erleben der Situation nicht verändert hat, dann ist die Vergebung in uns noch nicht vollends geschehen.

Ein Beispiel kommt mir dazu ganz lebendig in den Sinn. 1981 fuhr ich auf der Autobahn 405 zwischen Orange County und Long Beach in Kalifornien. Das war zu einer Zeit, in der ich eine Reihe von zehn Abendseminaren gab, die in einem Eintages-Workshop kulminierten. Es gab einen Verkehrsstau und es sah so aus, als ob ich zum Beginn des Abendseminars um 19 Uhr zu spät kommen würde. Während ich also auf dem „Parkplatz" feststeckte, zu dem die Autobahnen rund um Los Angeles zu dieser Uhrzeit werden, entschloss ich mich, etwas auszuprobieren: Ich würde dem Verkehr vergeben. Innerhalb von fünf Minuten löste sich der Stau auf und ich konnte mein Ziel reichlich vor der Zeit erreichen. In der nächsten Woche steckte ich in einer ähnlichen Lage. Also vergab ich wieder dem Verkehr, aber der Stau rührte sich nicht. Ich gelangte jedoch durch meine aufrichtige innere Vergebung in den Zustand eines solchen Friedens, dass ich wusste, dass „alles gut ist". Ich kam zwanzig Minuten zu spät, aber das stellte kein Problem dar. Wir überzogen zeitlich etwas, um die verlorene Zeit auszugleichen, und wir hatten alle einen außergewöhnlich guten Abend.

Eine viel schwierigere Herausforderung, als etwas oder jemandem zu vergeben, besteht darin, sich selbst zu vergeben. Ich habe mit vielen Menschen gearbeitet, die allen anderen vergeben konnten, aber sich selbst immer noch irgendeine Schuld zuweisen wollten. Wenn du dir jedoch selbst vergibst, dann befreit das auch jeden Menschen in deiner Umgebung. Und wieder kannst du anhand deines inneren Friedens und anhand der Transformation der Situation um dich herum feststellen, ob die Vergebung bereits abgeschlossen ist oder noch nicht.

Schließlich musst du auch Gott vergeben. Das klingt vielleicht lächerlich, dass wir Gott sollten vergeben müssen, aber lies einfach trotzdem weiter. In den 90er-Jahren fing ich an zu entdecken, dass viele Menschen Probleme mit Gott hatten. Ich fand heraus, dass wir jedes Mal, wenn wir ein Missfallen über einen Menschen spüren oder einen Groll gegen jemanden hegen, auch eine Beschwerde an Gott richten und letztlich Ihn für alle Probleme verantwortlich machen, die wir auf irgendeiner unbewussten Ebene haben. Wir meinen, dass es Gott gewesen wäre, der uns dies oder jenes angetan hätte, und wir haben Gott die Schuld für alle unsere Fehler und Irrtümer zugeschoben.

Wenn wir das bewusst ansehen, wirkt es selbstverständlich völlig lächerlich, dass wir Gott um unserer Probleme willen beschuldigen, da die größte Macht der Liebe im gesamten Sein uns ja nie etwas Liebloses wünschen oder antun würde. Was vollkommen ist, erfährt nur Vollkommenheit; Gott erlebt uns also nur als vollkommen, und so wurden wir auch geschaffen. Das Wesen von Projektion ist, dass wir sehen, dass andere uns alles das antun, was wir ihnen antun. Wenn wir das aufrichtig untersuchen, wird es offenkundig, warum wir vergeben müssen.

Wir beschuldigen also Gott für etwas, was wir tun. Das schadet Gott nicht, aber es schädigt uns, weil wir uns selbst von Gnade und Segen abtrennen. Das ist, als ob man sich die Nase abschneiden würde, weil man das eigene Gesicht nicht leiden kann. Im Kurs wird festgestellt, dass wenn wir Gott vergeben könnten und würden, dies Millionen von Menschen helfen würde.

Dieses Thema ist meistens an einem tief gelegenen Platz im Unbewussten versteckt; es wird von der Schattengestalt des Rebellen in uns genährt. Ich habe miterlebt, wie sich Menschen in Weißglut geredet haben über das, was Gott ihnen vermeintlich angetan hätte; als sie schließlich ihre Anklage und ihren Groll heilen konnten, haben sie wie entfesselt gelacht und konnten sich noch nicht einmal daran erinnern, welche alberne Sache sie Gott in die Schuhe geschoben hatten.

Die Ebenen heilen

Auf vier wichtige Ebenen möchte ich eingehen und zeigen, warum Heilung auf diesen vier Ebenen wichtig ist und was sie bewirkt.

Die Alltagsebene

Auf der Alltagsebene ist Kommunikation die beste Möglichkeit, um Transformation und neue Ebenen des Erfolgs für alle zu erreichen. Wenn du es mit einer Schattenfigur zu tun hast, neigst du vielleicht dazu, überzureagieren oder unterzureagieren. Am besten setzt man bei Schattengestalten Grenzen, damit du dich nicht bedrängt fühlst. Der einzige Grund, warum wir unter Umständen überreagieren oder in die Opferrolle gehen und uns bedrängen lassen, ist, dass wir Schuldgefühle haben, weil dieser Schatten in uns steckt. Wenn wir den Schatten in unserem Gesichtsfeld sehen, ist er selbstverständlich in uns, weil wir ihn sonst ja gar nicht bemerken würden.

Es gibt einige wesentliche Prinzipien, an die man im Zusammenhang mit Erfolg und besonders bei Kommunikation denken sollte. Diese Prinzipien sind nützlich, wenn wir kommunizieren müssen, um eine Schattenfigur zu heilen. Das erste Prinzip ist: Es gibt keine „schlechten Leute". Es gibt nur emotional verletzte Menschen, die sich falsch und schlecht verhalten. „Böse Leute" sind Menschen, die sich selbst verloren haben und nicht wissen, was sie tun. Das bedeutet nicht, dass du zulassen sollst, zum Opfer gemacht zu werden, oder bedrängt und benutzt zu werden. Es ist wichtig, dass du dich selbst und andere achtest, aber du musst nicht ein negatives Verhalten eines anderen tolerieren. Ziehe klare Grenzen für dich und teile deine abweichenden Ansichten über ein Thema mit und auch, was dich von dem anderen fern hält. Achte dabei darauf, dass dein Ziel ist, die Trennung zwischen euch zu überbrücken und zu beenden.

Manchmal führt eine Heilungsübung zu einem unmittelbaren und sogar wundervollen Ergebnis. Aber manchmal, wenn eine Person einen deiner unbewussten Schatten widerspiegelt, hat ein vernünftiges Gespräch wenig Wirkung. Es löst zwar schon etwas aus, aber man befindet sich nur an der Spitze des Eisbergs. Das ist auch der Grund, warum manche der Heilübungen anfangs in der Welt wenig Wirkung zugunsten von Veränderungen aufweisen. Damit sind dann vielleicht ein oder zwei Schichten transformiert worden, aber danach taucht die nächste Schicht auf, die, wenn sie aus dem Unbewussten kommt, unter Umständen viel tiefer oder schlimmer geht. Du fährst aber einfach mit dem Heilungsprozess fort, bis die Welt und dein Schatten heller werden und du frei bist.

Kommunikation kann eine Brücke darstellen über den Fluss von Unterschiedenen und Meinungsverschiedenheiten. Je näher du kommst, desto mehr wird der verborgene Schmerz zwischen den Schatten deines Geistes und der Welt und wie du dich selbst siehst, auftauchen. Das ist eine gute Sache. Was sonst unbemerkt an dir durch Stress, Leid und Schuldgefühle nagt, kommt nun an die Oberfläche, um geheilt zu werden.

Die zwischenmenschliche Ebene

Wenn wir einmal beginnen, unsere Gefühle auszusprechen, wenn es jemanden gibt, der uns zuhört, dann haben wir die zwischenmenschliche Ebene erreicht, die „interpersonale" Ebene. Wenn wir uns über unsere Gefühle austauschen, ohne Schuldzuweisungen, während wir so sehr in der Mitte bleiben wie möglich, wenn wir unsere Emotionen lösen, dann ist das eine der grundlegendsten Formen von Heilung. Diese vergrabene Emotion, vor der wir Angst hatten und die wir uns nicht anschauen wollten, macht die andere Person ängstlich und lässt sie für uns zu einem Schatten werden.

Tausche dich über die Emotion aus. Wie fühlt sie sich an? Wie hat sie uns gebremst oder blockiert? Fühlt sie sich eher wie eine alte Emotion an (aus der Kindheit) oder wie eine uralte (von der Seelenebene)? Wir können darüber sprechen, wann und wo wir so etwas schon früher gespürt haben. Aber der Schlüssel ist, sich nicht in einer Geschichte zu verlieren, sondern im Gefühl zu bleiben und sich darüber auszutauschen. Das wird unseren Partner bzw. unsere Partnerin in seiner oder ihrer Kommunikation dazu anregen, voller Mitgefühl zu sein, weil es nicht darum geht, was sie falsch gemacht hätten. Diese Art der aufrichtigen Kommunikation erlaubt uns, Schicht um Schicht zu heilen. Wenn es sich um ein chronisches Problem handelt, über das wir sprechen, taucht es meist alle sechs Monate in irgendeiner Form auf. Wir können diese Schichten jedes Mal abtragen, wenn es an die Oberfläche kommt, oder wir können uns darüber solange austauschen, bis sich das Thema völlig erledigt hat. Auf dieser Ebene wird Vergebung ein wichtiges Instrument der

Heilung. Unsere Vergebung befreit die anderen und uns selbst, weil sie Beurteilung und Schuldgefühle auflöst, und als Folge davon verändert sich unsere Wahrnehmung dieser Person. Das hilft uns, unsere Selbstgerechtigkeit zu überwinden, die ein Abwehrmechanismus ist, der uns blockiert. Es bringt Freiheit, Glück und baut dort eine Brücke, wo vorher eine Kluft war. Vergebung ist das Herzstück aller Heilungswege. Sie transformiert Menschen und Situationen, weil sie unsere Selbstkonzepte verändert, die an der Wurzel unserer Wahrnehmung stecken. Wir stellen fest, dass Vergebung wirklich abgeschlossen ist, wenn wir einen Zustand des Friedens erreicht haben. Dann haben sich wir, der Schatten oder beide bedeutend verändert.

Die innerpsychische Ebene

Das ist Heilung, die in uns stattfindet, in unserem Bewusstsein. Man nennt diese Ebene auch die „intrapsychische Ebene". Da die Welt unser Spiegel ist, repräsentiert eine Schattenfigur, die uns derart Probleme bereitet, einen Teil unseres Geistes. Sie ist eines unserer Selbstkonzepte. Es gibt eine Reihe von Möglichkeiten, uns auf dieser Ebene davon zu befreien. Der wichtigste ist Integration. Integration heilt das gespaltene Bewusstsein, bringt den Schatten zurück zu dem Teil, mit dem wir uns identifizieren, und erschafft mehr Ganzheit. Wir könnten den Schatten auch in unser höheres Bewusstsein integrieren, jenen Teil also, der schon im „Sein" ist. Wenn wir etwas integrieren, was negativ ist, wie einen Schatten, dann wird die darin enthaltene Energie wieder positiv, weil der Konflikt damit geheilt ist und die Energie sich nicht mehr gegen uns richtet. Was einmal negativ gewesen ist, dient jetzt als eine Art Impfung gegen weitere gleichartige Schatten.

Neben der Integration von allen Schatten eines ähnliches Typus ist eine andere Methode zur Heilung, sie einfach loszulassen. Darin steckt die Ermächtigung, uns zu erlauben, dass wir keine Energie mehr in die Schatten stecken, so wie sie sind. Stattdessen investieren wir unsere Energie, um vorwärts zu gehen.

Schließlich ist eine dritte Möglichkeit, dass wir unsere Projektionen heilen. Das ist eine einfache und wirksame Übung, die man allein oder mit einem anderen durchführen kann, um unsere Projektionen, welche unsere Schatten repräsentieren, zu transformieren. Mehr dazu im Abschnitt über Heilungsübungen.

Die spirituelle Ebene

Auf dieser Ebene erkennen wir uns als Spirit, geben die Rebellion des Egos auf und hören damit auch auf, in negative Selbstkonzepte zu investieren oder Menschen zu benutzen, um unsere Schatten auf sie zu projizieren, damit wir uns selbst damit bremsen und blockieren. Auf dieser Ebene geben wir die Selbsttäuschung auf, die uns Angst vor uns selbst, vor anderen und vor Gott haben lässt.

Auf dieser Ebene vergeben wir auch Gott. Das erlöst die Vorwürfe und den Groll, die wir gegenüber Gott hegen, sowie die Schuldgefühle darüber, dass wir selbst das tun, was wir Gott vorwerfen. Gott könnte nicht Gott bleiben, wenn Er irgendetwas von den Dingen täte, für die wir Ihn anklagen. Dahinter steckt ganz offensichtlich eine Projektion unserer eigenen Schuldgefühle.

> Gott will von keinem, dass er leidet. Er will nicht, dass irgendjemand für eine falsche Entscheidung leidet, und auch von dir will Er das nicht. Deshalb hat Er dir die Mittel gegeben, sie aufzulösen. Durch Seine Macht und Herrlichkeit werden alle falschen Entscheidungen rückgängig gemacht, so dass ihr, du und dein Bruder, von allen begrenzenden Gedanken befreit werdet, die irgendein Teil der Sohnschaft angenommen hat.
> – *Ein Kurs in Wundern**

Ein Kurs in Wundern nennt das Versöhnung. Wir finden unseren Weg zurück zum Eins-Sein durch alles, was uns untereinander verbindet. Liebe, Vergebung und eine Verbindung von Bewusstsein zu Bewusstsein bringt uns einander immer näher und auch uns und Gott näher. Was wir irgendjemandem vorwerfen, werfen wir allen vor, uns selbst und Gott. Was wir einem Einzigen vergeben, vergeben wir Jedem, uns selbst und Gott.

---

* Der Autor verwendet, wie erwähnt, eine Niederschrift von „Kurs in Wundern", die nicht identisch ist mit der Verlagsausgabe.

Kapitel 3

Unsere Schatten heilen

Heilen heißt, die Illusion der Dunkelheit einfach durch eine größere Wahrheit zu ersetzen. Falsche Entscheidungen, die uns in Fallen geführt haben, können wir verändern; sie besitzen keine Macht, weil sie nicht die Wahrheit sind. Die Gefängnisse, die sie scheinbar errichten, besitzen auch keine Wahrheit. Es gibt viele Möglichkeiten zur Heilung. Alles, was wir aus ganzem Herzen und ganzer Seele tun, wird „funktionieren", aber wir scheinen auf einige Methoden der Heilung in bestimmten Situationen und zu gewissen Zeiten besser anzusprechen als auf andere. Hier eine Reihe von Vorschlägen.

Sich für Wahrheit öffnen

Schatten sind nicht die Wahrheit. Wir haben sie gemacht, um damit bestimmte falsche Egoabsichten auszugleichen. Du kannst einfach die Wahrheit anrufen, das wegzuschmelzen, was unwahr ist. Du kannst deine Schatten auch vor dir Aufstellung nehmen lassen und sie mit dem Schwert der Wahrheit in der Hand durchschlagen, um dann die in ihnen steckende Energie zu absorbieren.

Loslassen

Das ist einfach. Du lässt deine Schatten schlicht los und investierst keine Gedanken, Gefühle oder Energie mehr in sie oder in die dunklen Glaubenssysteme, die sie stützen. Während du vorher blockiert warst, begibst du dich nun erneut in den Fluß, indem du die Schatten loslässt. Was verborgen war und sich $ußerhalb deiner Sicht befand, kommt nun in das wahre Licht der höheren Wahrnehmung.

Akzeptanz

Du akzeptierst deine Schatten einfach. Du nimmst sie nicht als Wahrheit an, sondern nur in dem Sinne, dass du diese Dinge von dir selbst geglaubt hast und dich entsprechend behandelt hast. Wenn du sie akzeptierst, bleibst du nicht mehr in der Verurteilung, den Schuldgefühlen und dem Eigenangriff des Schattens stecken. Du fließt weiter, vorwärts, und der Schatten wird dann ganz von selbst losgelassen; dein Leben fließt in eine höhere Sichtweise ein.

Selbstvergebung
Mit Selbstvergebung vergibst du dir und deinen Schatten und als Folge lässt du ganz automatisch die Selbstverdammung los. Das macht Lernen und Bewegung vorwärts möglich.

Vergebung
Wenn du feststellst, dass du deinen Schatten auf jemanden projiziert hast (was immer dann geschieht, wenn du einen anderen bewertest oder einen Groll gegen ihn bzw. sie hegst), dann vergib ihm oder ihr. Wenn du diesem Menschen vergibst, wird auch deinen Schattenfiguren vergeben und sie lösen sich auf. Wenn du mehrere gleichartige oder unterschiedliche Schattengestalten hast, musst du das unter Umständen mehrfach durchführen.

Liebe
Du kannst deine Schatten lieben und jeden dazu bitten, der dich liebt, um deine Schatten zu umstellen und ihre Illusionen „wegzulieben". Das führt zu Verbundenheit, während das Ego deine Schatten bisher benutzt hatte, um Trennung herbeizuführen und sich selbst dadurch zu stärken. Als Folge wird nun die Verbundenheit in deiner Beziehung zu dir selbst und zu anderen wachsen.

Frieden
Du wendest die Übung oder Methode an, die dir am besten hilft, in einen friedvollen Zustand zu gelangen. Wenn dein Frieden tiefer wird als der Konflikt deines Schattens, wird sich dieser wie von selbst auflösen.

Eine Möglichkeit, dich in Frieden zu versetzen, besteht darin, dich zu erden. Das geschieht, wenn du einfach dein höheres Bewusstsein bittest, dich in deine Mitte zurückzubringen. Dann, wenn du dazu bereit bist, bitte dein höheres Bewusstsein, dich in eine noch tiefere und höhere Mitte zu führen. Wiederhole diese Übung, solange es notwendig ist, deine Schatten aufzulösen. Du kannst aber sogar danach noch weiter machen und noch höhere, friedvolle Bewusstseinszustände erreichen.

Vertrauen
Du kannst dein Vertrauen genau so anwenden wie Liebe. Du gießt dein Vertrauen in die Schatten hinein. Bald werden sie sich entweder auflösen oder sich so transformieren, dass sie sich von dunklen Selbstkonzepten in positivere Gestalten verwandeln, bis sie sich in Licht auflösen.

Eingreifen der Engel
Bitte deinen Engel, die Schatten für dich zu beseitigen. Das wird dir ein besseres Leben bringen.

Den nächsten Schritt machen
Alle Schatten sollen dich daran hindern, vorwärts zu gehen. Sei bereit, vorwärts zu gehen. Entscheide dich dazu, den nächsten Schritt nach vorn zu machen. Während du siehst, wie du Schritt für Schritt vorangehst, schmelzen zunächst deine unterbewussten Schatten und dann deine unbewussten Schatten ab, während du über ihre Verteidigungsmechanismen hinausgehst.

Projektionen zurückziehen
Da deine Wahrnehmung deiner Projektion entspricht, brauchst du einfach nur in die Welt hinausblicken und feststellen, was du über dich selbst geurteilt hast. Was dort in der Welt ist, spiegelt wider, was du bewertet bzw. auch abgespalten hast. Dazu zählen Gaben und positive Eigenschaften und Fähigkeiten, die du bisher noch gar nicht als deine eigenen erkannt hast. Wenn du einen Schattenaspekt in der Welt findest, den du auf Individuen oder Situationen projiziert hast, kannst du deine Projektion nun zurückziehen. Die Eigenschaften, die du anderen zugeschrieben hast, ziehst du in dich selbst zurück. Dann untersuche, ob du dasselbe, wofür du die anderen bewertet hast, selbst gern tun würdest oder ob du lieber sterben würdest, als das zu tun, wofür du sie verurteilt hast.

Wenn du dich beleidigt fühlst, dass jemand so etwas jemals von dir denken könnte, heißt das, dass du dieses eigene Glaubens- bzw. Verhaltensmuster unter einer Kompensation versteckt hast. Deshalb hast du dich nur positiv erhalten. In dir ist der Schatten aber immer noch vergraben und du hast dich mit all dem Mangelbewusstsein und der Selbstbestrafung behandelt, die jemand verdient hätte, der sich offen so verhalten hätte.

Jetzt hast du eine Wahl: Möchtest du dich weiter quälen wegen dieses Schattens oder möchtest du über dieses Muster hinausgehen und zu der anderen Person gehen, auf die du projiziert hast, um ihr zu helfen? Diese Heilungsübung kannst du in Gedanken vollziehen, in deiner Vorstellung. Das führt dazu, dass du wirksam durch deinen Schatten brichst und die andere Person nun auf eine neue Art und Weise siehst, da du nicht mehr in diesen dunklen Glaubensmustern steckst. Es ist wirklich eine ganz einfache Wahl: Greife dich weiter selbst an oder hilf dem anderen.

Das Prinzip von Führung

Du lässt nicht zu, dass dich irgendetwas davon abhält, jemandem zu helfen, der deine Hilfe braucht. Frage dich: Wer braucht meine Hilfe? Gleich, wer in deinem Geist auftaucht: Stelle dir vor, dass das, was zwischen dir und der hilfesuchenden Person steht, deine Schatten sind. Jetzt kannst du dich entscheiden, deinen Schatten nicht zu erlauben, dich daran zu hindern, der hilfesuchenden Person Hilfe zu geben. Du kannst dir vorstellen, wie du durch deine Schatten „hindurchbrichst", um die Hilfe zu geben.

Integration

1. Schmelze die Schatten bis auf ihre reine Energie ab und integriere ihre Energie in dir.
2. Verschmelze die Schatten in dein höheres Bewusstsein oder deine Archetypen. Bei der Integration schmilzt alles fort, was nicht wahr ist, und was bislang deinem Schatten Energie gab, steht nun bereit, dein Leben aufzubauen.

Archetypen nutzen

Die Archetypen in diesem Kartendeck kannst du verwenden, um deine Schatten zu „übertrumpfen". Nimm einfach einen der Archetypen, von denen du weißt, dass du sie hast, nimm ihn an und bringe seine Energie zum Schatten (oder mehreren); beobachte, wie die Energie des Archetyps den bzw. die Schatten heilt. Wenn es zu viele Schatten der gleichen Art gibt, muss man diese Übung unter Umständen mehrfach wiederholen.

Deine Wahrnehmung verändern
Auch das ist einfach. Du erlebst jemanden, der für dich einen Schatten darstellt. Diese deine Wahrnehmung übergibst du dem Himmel, damit sie geändert werde. Manchmal vollzieht sich das sofort, aber oft geht es allmählich vor sich; dies hängt von der Zahl und den unterschiedlichen Qualitäten der Schatten ab. Ich mache es gerne so, dass ich am Morgen die Wahrnehmung eines Menschen abgebe und während des Tages immer wieder einmal überprüfe, ob sich meine Wahrnehmung verändert hat. Das bringt Gefühle von Freiheit und schließlich auch Freude mit sich, da ich nicht mehr länger meine Projektion sehe und die gespaltene Wahrnehmung des anderen von sich selbst, sondern nur noch das, was wirklich positiv und wahr ist an ihm oder ihr.

Deine Schatten in Gottes Hände legen
Gott wird es für dich erledigen. Lege deine Schatten einfach in Gottes Hände und Er wird dir an ihrer Stelle eine Gabe zurückgeben.

Wenn wir lernen wollen, wenn wir wachsen wollen, wenn wir unser Leben besser gestalten möchten, damit es leichter wird, Liebe und Leben zu erwecken und zu stärken, dann müssen wir heilen. Wir heilen, indem wir Bewertungen und Groll gegen unsere Brüder und gegen Gott und gegen uns selbst aufgeben. Heilen ist ein Grund, warum wir hier sind, es ist Teil unserer heiligen Aufgabe. Heilung ist einfach. Wir werden gerettet, indem wir retten. Wir erfahren Hilfe, indem wir helfen.

> Bruder, wir heilen gemeinsam, während wir gemeinsam
> leben und uns gegenseitig lieben. Lass dich nicht über den
> Gottessohn täuschen, der eins ist mit sich selbst und eins
> mit seinem Vater. Liebe den, der vom Vater geliebt wird,
> und du wirst die Liebe des Vaters für dich erkennen.
> – *Ein Kurs in Wundern*

Kapitel 4

Umgang mit den Karten

Diese 90 Karten mit jeweils 45 Archetypen und 45 Schatten können allein oder zusammen mit den bisher erhältlichen Kartendecks der Psychologie der Vision genutzt werden. Alle Karten haben dasselbe Format, damit sie eben auch gemischt werden können. Welche Kartendecks erhältlich sind, erfährst du bei deiner Buchhandlung. Hier nun Vorschläge, wie du mit den Karten umgehst, damit du in deinem persönlichen Wachstum Unterstützung erfährst.

Reading mit 1 Karte

Du kannst entweder eine Karte aus allen ziehen, oder nur aus den Archetypen- bzw. nur aus den Schatten-Karten. Der Sinn ist, wenn du nur aus den Archetypen ziehst, festzustellen, welchen Archetyp du in deinem Leben mehr annehmen solltest, um an diesem Tag gut klarzukommen oder mit einem speziellen Problem umzugehen. Wenn du nur aus den Schatten-Karten ziehst, zeigt dir die Karte, welcher Schatten dich zurückhält; diesen Schatten solltest du jetzt loslassen, um vorwärts zu gehen. Wenn du das gesamte Deck verwendest, dann zeigt dir die gezogene Karte, sei sie nun positiv oder negativ, was jetzt den größten Einfluss ausübt. Archetypen sollen angenommen und gelebt werden; Schatten sollen geheilt werden.

Reading mit 2 Karten

Bei diesem Reading teilst du das Deck in die Archetypen- und die Schattenkarten auf. Ziehe eine Karte der Schatten, um zu sehen, was dich zurückhält; dann ziehe eine Karte aus den Archetypen. Welcher Archetyp es auch sein mag: er ist stärker als der Schatten. Nimm den Archetyp also an, stimme dich darauf ein und nutze seine Energie, um den Schatten fortzuschmelzen.

Reading mit 3 Karten

Ich schlage zwei Auslegarten vor, um mit drei Karten ein Reading zu machen.

I. Trenne die Archetypen- und die Schatten-Karten voneinander. Ziehe aus dem Stapel der Schatten eine, um zu sehen, was dich zurückhält. Dann ziehst du eine Karte aus den Archetypen, um zu sehen, was einen Durchbruch bringen und den Schatten heilen kann. Als Drittes ziehst du eine Karte aus den Archetypen, um festzustellen, wie das Ergebnis aussieht.

II. Lasse alle Karten im Deck zusammen. Ziehe eine Karte. Dies ist die Hauptkarte; sie repräsentiert den Einfluss in der Situation. Falls es ein Schatten ist, wirst du zurückgehalten. Falls es ein Archetyp ist, wird er die Situation verbessern, wenn du ihn akzeptierst. Die zweite Karte bezeichnet den Durchbruch. Wenn es ein Schatten ist, weist er auf die Energie, die den Durchbruch in deiner Situation noch verhindert. Er muss erst geheilt werden, um Fortschritte zu machen. Wenn es ein Archetyp ist, dann weist er auf die Möglichkeit zu einer positiven Veränderung hin, wenn du ihn annimmst und lebst. Die dritte Karte zeigt, wie sich die Situation weiter entfaltet. Wenn sie sich wieder zu einem Schatten hinentwickelt, dann handelt es sich dabei einfach um die nächste Ebene oder Schicht, die darauf wartet, geheilt zu werden.

Wenn alle drei Karten Schatten sind, dann bist du im „Schattenland". Das ist ein Bereich in deinem Bewusstsein, der eine Seelengabe blockieren soll und der eine Schatten-Verschwörung* widerspiegelt, wo du Bewertungen und Selbstverurteilung benutzt, um mit Gott darum zu kämpfen, dass es „nach deiner Nase" geht. Gott hat dir den freien Willen gegeben, damit du tun und lassen kannst, was du möchtest. Wenn du allerdings nicht nach Heilung strebst und nicht das Ewige suchst, wirst du nicht glücklich sein. Das Schattenland kann eine Menge an Leiden erzeugen. Es ist Teil des „letzten Aufgebots" des Egos, bevor wir auf den Autoritätskonflikt stoßen, der die Wurzel von all dem ist und das Schattenland erst erzeugt.

Du kannst einfach erkennen, dass es sich hier um einen Fehler bzw. Irrtum handelt und dann kannst du um die Hilfe des Himmels bitten, um diese Schicht an Schatten und Autoritätskonflikt

---

* Verschwörungen und wie man sie durch Gaben und Segnungen auflöst sind das Thema der „Karten der Heilung", ebenfalls erschienen bei Urania; siehe auch Anhang.

zu beseitigen und dann um die Freude des Seins und um die Seelengabe zu bitten, die an diese Stelle deines Bewusstseins gehört.

Ein Archetyp auf der dritten Kartenposition bedeutet, dass du vorwärtskommst, wenn du die Tür öffnest und die Gabe annimmst und verwirklichst.

| Situation | Durchbruch | Ergebnis |

Beziehungs-Reading

Die Karten für dieses Reading kannst du aus dem ganzen Deck ziehen. Wenn du möchtest, kannst du neben den jeweils zwei Karten noch eine Dritte ziehen, um zu sehen, wie du mit diesen Bereichen klarkommst.

Du		Partner/in
	Spiritualität	
	Verstand	
	Herzliche Grüße	
	Sex	
	Geld	
	Abenteuer	
	Liebe	
	Humor	
	Spiel	

Familien-Reading

Du kannst Karten aus dem gesamten Set ziehen, und zwar jeweils eine Karte für ein Mitglied deiner Familie. Die Karte zeigt dir an, welchen Einfluss sie auf dich haben.

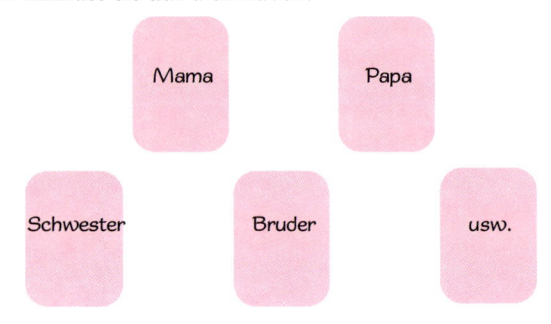

	Mama	Papa	
Schwester		Bruder	usw.

Nachdem du eventuell auftauchende Schatten heilst, indem du die Heilungsübung anwendest, ziehe erneut eine Karte für die Position, auf der die Schattenkarte aufgetaucht ist, und nimm wahr, was auf der nächsten Ebene bzw. in der nächsten Schicht hochkommt.

Du kannst zunächst auch nur aus den Schattenkarten ziehen, um zu sehen, mit welchen Schatten sie es zu tun hatten oder haben, die sie zurückhalten. Auf einer Ebene des Unbewussten wird das auch die Schatten aufzeigen, die du auf sie projiziert hast. Danach kannst du jeweils eine Archetypenkarte ziehen, um zu sehen, wodurch die Schatten aufgelöst werden können.

Entwicklungs-Reading

Du kannst Karten aus dem Gesamtdeck ziehen, um zu sehen, welche Einflüsse jeweils in bestimmten Entwicklungsstadien gewirkt haben.

Empfängnis und im Schoß: Seelenmuster
               Geburt: Seelenmuster
          Bis zu 2 Jahren: Selbstwahrnehmung
             3 – 9 Jahre: Seelen- und Familienmuster
           10 – 19 Jahre: Deinen Weg finden
           20 – 29 Jahre: Auf dich allein gestellt

30 – 39 Jahre: Reifung
40 – 49 Jahre: Produktivität
50 – 59 Jahre: Übergang
60 – 69 Jahre: Erfüllung
70 – 79 Jahre: Spiritualität
80 – 89 Jahre: Krönende Jahre

Archetypen

Adept

Der Adept ist der Meister. Seine Fähigkeiten wurden so ausgebildet, dass er einen kreativen Vorsprung besitzt; er hat seine Gaben seinem höheren Bewusstsein übergeben, sodass sie jetzt selbstlos und voller Integrität genutzt werden. Er wendet im Ausdruck seiner meisterlichen Eigenschaften sowohl Kunst als auch Wissenschaft an, obwohl er auch in anderen Bereichen Meisterschaft erlangt haben mag. Der Adept ist in seiner Mitte und im Frieden; er bringt andere zur Ganzheit, damit sie Einheit und Eins-Sein erfahren. Der Adept weiß, dass er in allen Situationen und Umständen von Inspiration geführt wird, um Transzendenz zu bringen. Er vermittelt allem, was er berührt, Wert und Selbstwert. Das ist der Gegenpol zu Eigenangriffen und vermag Wertlosigkeit und karmische Muster aufzulösen, was dann zu Freiheit führt. Der Adept ist wie eine Oase in der Wüste. Er ist eine Raststätte auf dem Weg nach Haus. Da durch ihn die universelle Inspiration wirkt, inspiriert er viele Menschen, die Sorgen der Welt aus ihrem Bewusstsein zu streichen, und er öffnet sie für Gnade.

Wenn du diese Karte erhältst: Der schöpferische Ausdruck des Adepten möchte sich durch dich ausgießen. Neben dem Guten, das du bringst, handelst du als Adept auch mehr für das Kollektiv als für das Individuum, selbst dann, wenn du Einzelnen hilfst. Du wirst zu einer einenden Kraft für jedermann und hilfst allen, sich an das zu erinnern, was wichtig ist. Als Adept hast du die Fähigkeit, eine Empfänglichkeit für Schönheit zu erschaffen. Das führt zu Harmonie, in welcher die Gaben anderer Menschen geboren und verwirklicht werden können, und dazu, dass sie sich selbst auch von ihrer Inspiration leiten lassen. Als Adept gibst du Menschen einen Vorgeschmack des Himmels, und deine Sicherheit ist ein Fels, auf dem Menschen Glauben und Lebenszuversicht bauen können. Wenn du den Archetyp des Adepten annimmst und lebst, dann wirst du zu einer Tür der Initiation, durch die

Menschen vorwärtsgehen und sich selbst treuer sein können, um ihre Ganzheit und Macht besser zu erfahren. Aufgrund deiner Empfänglichkeit werden andere sensibler. Weil du nährst, spüren Menschen, dass sie geliebt werden. Da der kreative Geist in dir wirkt, erweckt er andere um dich herum. Du bist von der Macht der Ewigkeit erfüllt und zu deinem besten Selbst geworden. Der Archetyp des Adepten eint dein Bewusstsein rund um ein zentrales Prinzip. Das kann sich als Liebe zum Ausdruck bringen, als Freude, Frieden oder Fülle, und es bietet einen Hoffnungsstrahl für die, die dich kennen.

Berserker

Jemand, der diesen Archetyp verkörpert, verwandelt sich von einer Alltagsebene der Existenz, um ein „wilder Mann" bzw. eine „wilde Frau" zu werden. In der Antike waren Berserker in Kriegszeiten hoch geschätzt, weil sie durch nichts als den Tod aufgehalten werden konnten, der meistens sehr lange auf sich warten ließ. Berserker ließen sich von einem Kampfrausch tragen. Verwundungen, die sie erlitten, konnten sie nur wenig beeindrucken und oft kämpften sie noch mit einer Reihe eigentlich tödlicher Verletzungen weiter. Der Archetyp des Berserkers kann fast überall auftauchen – in der Medizin, im Sport, in der Wirtschaft, der Kunst, der Politik, und so weiter. Er kann sich in Form von Humor ausdrücken, als Heilung, Produktivität, Sexualität und sogar Freude. Ein Berserker ist ein „wilder Mann" oder eine „wilde Frau" im besten Sinne des Wortes. Wenn wir durch die Stadien fortschreiten, die zum Berserker führen, dann erleben wir Transformation, Ungeheuerlichkeit, völlige Gelöstheit, um dann zum Berserker zu gelangen.* Die höchste Form des Berserkers ist jemand, der wild vor Freude ist und von Lichtwirbeln davongefegt

---

* In der Vorlage gebraucht der Verfasser spezifische Ausdrücke aus der „Psychologie der Vision", nämlich *transformation, outrageousness, wild abandon*.

wird. Die so entstandene Freude macht es uns möglich, auf andere zuzugehen, jeden zum Freund zu machen und alle in unserer Liebe zu umarmen. Der Berserker der Freude hat einen wilden und doch zugleich gesammelten Zustand der Leidenschaft erreicht, in dem er bzw. sie große Leistungen in einem veränderten Bewusstseinszustand vollbringen kann.

Wenn du diese Karte erhältst: Du bekommst die Chance, dich davontragen zu lassen, einmal ganz „außer dich" zu geraten, um zum Besten zu werden in dem, was du gerade vorhast. Indem du dich ganz einsetzt und dich auf keine Weise zurückhältst, kannst du einen hohen Zustand von Vision erreichen, in dem du im besten Sinne der Worte schöpferisch und gedankenlos bist. Ein Berserker zu sein verleiht dir ein Gefühl der Erhebung, weil du dich selbst voll eingesetzt hast. Du wirfst dich mit voller Kraft ins Leben und es berauscht dich. Du kannst trunken vor Liebe werden und die Welt mit einer berserkerhaften Freude überwältigen. Gnade und Licht ergießen sich durch dich. Poesie und Wunder sind Teil deiner Alltagserfahrungen. Was in der Welt unmöglich scheint, wird durch die Transzendenz, die der Berserker mit sich bringt, doch möglich gemacht.

Beschützer

Der Beschützer ist der Hüter der Schwachen und Hilflosen. Beschützer kümmern sich um Kinder und Notleidende und stellen sich denen entgegen, die verletzliche Menschen ausbeuten oder unterdrücken wollen. Sie zeigen Stärke, Gerechtigkeitssinn und Mitgefühl. Beschützer gehen über sich hinaus, um denen zu helfen, die ihren Schutz brauchen. Sie sind immer wach und achten darauf, dass andere nicht ausgenutzt werden. Sie reagieren auf Hilferufe aus ihrer Umgebung. Sie greifen nicht an, sondern wenden ihre Kraft auf eine wahre Weise so an, dass der

Teufelskreis von Täterschaft und Opferrolle gestoppt wird. Sie wenden nur so viel Macht an, wie notwendig ist, um der Aggression zu begegnen und sie zu neutralisieren. Der Beschützer bzw. die Beschützerin ist ein Archetyp, der an den Schutz Gottes mahnt und der als Vertreter des Lichtes in der Welt handelt.

Wenn du diese Karte erhältst: Du bist empfänglich geworden für Menschen in deiner Umgebung, die Hilfe brauchen. Du beschützt Menschen in Not und dienst ihnen. Deine Liebe zu allen bildet die Grundlage deines Wunsches, andere vor Schaden zu bewahren. Du bist bereit, alles auf eine Karte zu setzen und alles zu geben – auch dein Leben – für das, was wahr und richtig ist. Du handelst heldenmütig, wenn das notwendig ist, aber du empfindest das als ganz normal, weil du nur das tust, was du für jedermann ohnehin tun würdest. Wie bei allen Archetypen bedeutet auch hier die Bereitschaft, ihn ganz anzunehmen, dass er dein Leben dann erfüllt macht. Er bringt dir Wachheit und die notwendigen Gaben, um deine Bestimmung zu verwirklichen. In dem Maße, wie der Mensch in seinem Bewusstsein wächst, weitet sich der Blick des Beschützers. Schließlich fühlt er sich für die gesamte Welt verantwortlich. Wenn sich seine Bewusstheit auf das spirituelle Wohlergehen richtet, dann setzt er sich dafür ein, Seelen zu erwecken und zu retten. Er (bzw. sie) handelt in selbstloser Liebe für andere und bietet Menschen einen geschützten Raum, bis sie sich genügend ermächtigt fühlen, um auf eigenen Füßen zu stehen. Als ein Bote des Himmels bietet er Sicherheit und Zuflucht. Heute ist es Zeit, dass du deinen Beschützer annimmst und so einen sicheren Hafen für Menschen in Not bieten und sie mit deiner Liebe beschützen kannst.

Bodhisattva

Der Bodhisattva ist eine Person, die versprochen hat, nicht eher in den Himmel einzugehen, bis der letzte Mensch aufgestiegen ist. Bodhisattvas sind großmütig und voller Verdienste. Sie wirken, um die gesamte Menschheit zu erheben. Ihr Wunsch, die Menschheit vor sich selbst zu retten, führt zu Mitgefühl und Weisheit. Bodhisattvas werden weiser, je älter sie werden. Sie dienen der Menschheit und helfen, wo und wie sie nur können. Sie wirken dabei entweder auf inneren oder auf äußeren Ebenen. Das Gelübde des Bodhisattvas lautet:

„Fühlende Wesen gibt es so zahlreich wie Sandkörner.
Ich gelobe, sie alle zu retten.
Irregeleitete Leidenschaften sind endlos; ich gelobe,
sie alle auszulöschen.
Wahrheit lässt sich unmöglich lehren; ich gelobe,
sie zu lehren.
Der Weg des Buddhas ist unmöglich zu erreichen;
ich gelobe, ihn zu erreichen."

Wenn du diese Karte erhältst: Der Archetyp des Bodhisattvas steigt aus den Tiefen deines Bewusstseins auf, zu deinem Nutzen und dem der Menschheit. Du bist aufgerufen, die Menschheit zu retten. Du wirst aufgerufen, dich daran zu erinnern, dass jeder gerettet wird. In Wahrheit ist jeder zu einer solchen Hilfe aufgerufen, aber nur wenige hören auf diesen Ruf und antworten ihm. Du wirst an ein uraltes Versprechen erinnert und du entscheidest dich jetzt, diesen Ruf zu hören. Achte darauf, wie dein Herz auf die Menschen in deiner Umgebung reagiert und wie du anderen auf die wirksamste Weise helfen möchtest. Dein Mitgefühl wächst. Dein Bewusstsein erweitert sich. Du spürst den Ruf. Der Himmel wird durch dich wirken, um zu heilen. Mit jedem Akt der Liebe und des Dienstes verbindest du die Welt wieder mit sich selbst und bewegst Menschen, Einheit zu erfahren. Das Licht des Himmels leuchtet durch dich und erinnert andere an das, was wirklichen Wert besitzt. Sei glücklich. Sei hilfreich. Teile deine Liebe. Lass den Himmel durch dich anderen zufließen, indem du den Bodhisattva im Inneren annimmst. Wisse vor allem, dass dein Erinnern, dass Menschen gerettet werden, diese spirituelle Wahrnehmung noch schneller hervorbringen wird.

Bote

Der Bote ist der Archetyp des Menschen, der den Aufruf angenommen hat, die Kommunikation weiterzutragen und höheres Wissen zu verbreiten. Wie bei allen Archetypen steckt auch dieser in jedem, aber nur wenige sind bereit, seinen Ruf zu erhören. Die wichtigste Botschaft des Boten in dieser Zeit ist Hoffnung: es gibt einen besseren Weg und wir alle sind aufgerufen, der Welt zu helfen, ihn zu finden. Der Bote entscheidet nicht, wie die Botschaft lautet; er oder sie überbringt die Botschaft nur. Solche Menschen werden von einer höheren Macht geleitet. Sie können eine Botschaft nach der anderen überbringen, weil sie über ein großes offenes Herz verfügen. Je reiner sie sind, desto weniger wird die Botschaft verändert oder verwässert. Die Welt braucht solche Boten. Ihre Botschaft ist die Liebe. Ihre Botschaft führt zu Partnerschaft und Gegenseitigkeit. Boten inspirieren Menschen, weil sie selbst von der Botschaft inspiriert sind, welche sie überbringen. Boten schaffen Verbindungen in der Welt durch Information und Transformation. Sie bringen die Führung, die Leiden und Verschwendung beendet.

Wenn du diese Karte erhältst: Du hast dich entschlossen, der Welt gute Nachrichten zu überbringen! Jetzt ist es Zeit, diesen Entschluss zu verwirklichen. Du wirst gebraucht und du hast den Ruf gehört. Höre auf das, was dich berührt und dein Herz öffnet. Du musst nicht wissen, was zu tun wäre, und noch nicht einmal, was zu sagen ist. Es gibt nichts zu tun, du wirst inspiriert. Wenn du diesen Archetyp annimmst, dann wird dein Leben in Fluss geraten und du wirst anderen helfen können, ebenfalls in den Lebensfluss zu gelangen. Du bist zu einer der Arterien des Himmels geworden und bringst jenen neues Leben, denen du hilfst. Du wirst so zuverlässig wie der Postbote: Er stellt seine Briefe immer zu. Unter den Botschaften, die du gibst, sind manche immer direkt für dich bestimmt. Dein Herz öffnet sich ständig weiter, während du Botschaften übermittelst. Du wirst gesegnet, während du mit deinen Botschaften segnest. Wenn du dein Bewusstsein öffnest, wirst du das channeln können, was von den Menschen um dich herum gebraucht wird. Eine gesegnete Veränderung steht bevor und du hilfst dabei, dass sie stattfindet.

Clown

Dieser Archetyp ist ein Meister der Kunst, andere durch spielerisches Verhalten zu erfrischen und wiederzubeleben. Der Clown verwendet Humor, um zu heilen und zu unterhalten; er nimmt alles leicht. Das erleichtert und entzückt andere und bringt Licht in düstere, schwere Umstände. Der Clown benutzt seine Intelligenz, um andere zu öffnen und zu erneuern, indem er auf sanfte Weise gestaute Energien wieder ins Fließen bringt oder einen zu schwachen Energiefluss verstärkt. Damit macht er das Leben für seine Umgebung spürbar leichter. Er bringt Balance in Situationen, vor allem in prosaische oder langweilige. Er geht auf Unterdrückung ein, indem er sie in einem neuen Licht betrachtet und sich darüber lustig macht. Der Clown verjüngt andere durch Lachen und Heilen. Wir alle freuen uns, wenn wir Kontrolle durch Lachen ersetzen können. Lachen ist eines der einfachsten Mittel, um sich in den Lebensfluss einzulassen und es hilft uns, uns auch mehr für wesentliche Formen von Liebe, Gnade und der Führung des Himmels zu öffnen. Der Clown inspiriert und steckt seine Umwelt ganz selbstverständlich mit seinem Humor an.

Wenn du diese Karte erhältst: Feier das Leben und hab Spaß! Mit dem Clown-Archetyp wird Humor zu einer Kunstform erhoben, die Freude in dein Leben und in das deiner Umgebung bringt und dabei all das auflöst, was langweilige Routine ist. Wenn du diesen Archetyp lebst, kannst du mit Humor das Leben von einer neuen Perspektive aus betrachten und führen, weil du bemerkst, wo es unstimmig oder lächerlich ist. Der Clown ist ein Geschenk für dich und an das Leben, ob du selbst ihn nun auslebst oder jemand in deiner Nähe. Sei bereit, Spaß im Leben zu haben, und nimm diesen Archetyp für dich und für deine Umwelt als Teil deines Lebens an. Der Clown vermittelt das Feiern des Lebens und zugleich die Transzendenz, die dich nach und nach vom Gefühl befreit, deine Zeit hier nur abzusitzen. Du hast diesen Archetyp im Rucksack deiner Seele in dieses Leben mitgebracht. Dann kannst du ihn jetzt ja auch verwenden.

Das junge Mädchen

Das junge Mädchen ist ein Archetyp der jugendlichen Unschuld und Begeisterung. Es ist voller Strahlkraft und Schönheit. Dieser Archetyp besitzt einen übermütigen, sorglosen Charme. Im jungen Mädchen ist der Zauber sowohl einer Elfe oder Waldnymphe, als auch der goldene Schein eines Engels. Es ist voller unbefangener Natürlichkeit und Offenheit. Das junge Mädchen ist unwiderstehlich, anbetungswürdig und so süß, dass dein Herz schmilzt. Es stärkt unser Herz und verjüngt uns. Es ist verspielt und frisch. Das junge Mädchen hat die Fähigkeit, andere zu erheben und zu inspirieren, wenn sie sich niedergeschlagen fühlen. Das heilt und hilft, weil unser innerstes Herz berührt wird und wir sozusagen wieder auferstehen.

Wenn du diese Karte erhältst: Der Archetyp des jungen Mädchens wird in dir aufblühen, wenn du bereit bist, ihn anzunehmen. Als Folge erlebst du diese wunderschöne Energie in dir, die darauf wartet, empfangen und ins Fließen gebracht zu werden. Oder du erlebst, dass die Energie deines Geschenks des Archetyps des jungen Mädchens von jemandem in deiner Umgebung verwirklicht wird, so dass du dich ganz inspiriert fühlst. Das junge Mädchen ist ein Archetyp, der dich und deine Umgebung segnet und belebt. Tanze heute im Schwung des Lebens. Deine Seele blüht auf die wunderbarste Weise auf.

Der alte Weise

Dies ist ein machtvoller Archetyp. Wenn wir ihn durch uns wirken lassen, gibt er uns die Weisheit und Führung, die aus den Tiefen des männlichen Aspektes unserer Seele stammt. Hier sind Antworten und weise Ratschläge für uns und für andere zu finden. Hier liegt großzügige Hilfe für alle unsere Sorgen und Probleme. Dieser Archetyp segnet und bringt Dinge in Fluss, die durch Selbstzweifel blockiert wurden, die durch Konflikte und durch unsere Persönlichkeit entstanden sind. Dieser Archetyp erlaubt uns, dass wir uns anderen zuwenden, oder dass andere, die ihn verkörpern, uns helfen. Der alte weise Mann trägt die Fackel in der Hand, um unseren Weg nach vorn zu erhellen. Er entzündet die Kerzen und Fackeln für künftige Generationen. Das Licht des alten Weisen wird noch lange nach ihm im Herzen und Geist jener lebendig leuchten, denen er es gegeben hat.

Wenn du diese Karte erhältst: Du sollst jetzt diesen gütigen und wohltuenden Archetyp annehmen. Sobald du das tust, wirst du vielen Menschen helfen können. Dieser Archetyp in dir gibt Sicherheit und weisen Rat für die, die das brauchen. Er entstammt deiner männlichen Seite und wird dich und viele andere segnen. Die uralte

Weisheit der Seele, die aus dir fließt, wird dich und andere erfüllen und nähren. Sie vermittelt die Ebene der Weisheit, um dir und anderen zu helfen, eure Bestimmung zu erfüllen. Das Licht, das du mit anderen teilst, wird die Welt positiv beeinflussen, noch lange, nachdem du gegangen bist. Du bist ein natürlicher Lehrer bzw. eine Lehrerin und deine Seele hat sehr viel mehr von der Essenz des Lebens in sich gesammelt, als dir bislang bewusst ist. Du bist offen für die Hilferufe aus deiner Umwelt und du erkennst, wie viel Weisheit in dir noch darauf wartet, mit anderen geteilt zu werden. Es erfüllt dich, sie zu vermitteln. Dieses innere Wissen ist deine Gabe und ein Geschenk für andere. Du bist ein Lichtstrahl, der anderen den Weg nach Hause zeigt.

Der weise Narr

Der weise Narr ist ein Archetyp, der große Weisheit enthält, Humor hat und vor allem gern herumalbert. Er ist verspielt, ungezogen und hat die mutige Gabe, die Wahrheit dann auszusprechen, wenn andere sich das nicht trauen. Der weise Narr hat an der Wahrheit seinen Narren gefressen und er vermag dem König ungestraft etwas zu sagen, was sonst kein anderer dürfte. Er (oder sie) ist lustig und übermütig, aber in seinen (bzw. ihren) Bemerkungen immer weise. Der weise Narr ist ein Sprachturner und ein Bilderakrobat. Damit kann er etwas sagen, was sonst nicht ausgesprochen werden darf, aber unbedingt gesagt werden muss. Damit bringt der weise Narr einen Ausgleich mit sich und regt angesichts unangebrachter Selbstzufriedenheit zum notwendigen Zweifel an und zu einer gewissen Leichtfertigkeit, wenn sich jemand sonst auf übertriebene Weise selbst zu wichtig und ernst nimmt. Der weise Narr imitiert, springt herum und spricht in Reimen; er ist Entertainer und politischer Satiriker zugleich. Er ist eine Störenfried, hält sich aber immer gerade noch an die Grenzen dessen, womit er durchkommt. Er ist ein Meister der Kommunikation, ein Ausplauderer von Geheimnissen und ein kosmischer Tänzer, der den Energiefluss voranbringt, gleich wie sehr die Atmosphäre träge ist oder voll dicker Luft steckt.

Wenn du diese Karte erhältst: Erkenne, dass du der Ratgeber des Königs bist und dabei der Gesellschaft dienst. Dein Einsatz ist entscheidend, und sei es nur, um einer Situation, der es an Leichtigkeit mangelt, durch komödiantische Elemente die Schwere zu nehmen. Akzeptiere deine Gaben, die der Situation und letztlich der ganzen Gemeinschaft dienen sollen. Als weiser Narr mit einer genialen Kommunikationsfähigkeit kannst du auf eine heitere Weise etwas ansprechen, was sonst als todernster Idealismus oder Fundamentalismus angesehen würde. In einer Welt mit Menschen, die nur mit einem Auge sehen, siehst du mit beiden und auf lange Sicht voraus. Weil du dich nicht ernst, sondern dich auch selbst auf die Schippe nimmst, löst du Entzücken aus. Du bist eher ungezogen als rebellisch und auf unwiderstehliche Weise frech. Du allein hast den Mut, es auszusprechen, wenn der Kaiser keine Kleider trägt.

Die alte Weise

Dieser Archetyp ist dem des alten Weisen sehr ähnlich, hier aber mit einer stärkeren Betonung der weiblichen Weisheit. Die alte, weise Frau kennt die Bedeutung des Herzens. Ohne das Herz wird der Kopf nur für Egoziele genutzt, bleibt dissoziiert und wie abgeschnitten von der Fähigkeit zu empfangen, zu geben und zu fühlen. Die alte Weise weiß auch um die Wichtigkeit von Beziehungen und erkennt in ihnen den zentralen Aspekt unseres Lebens. Sie strahlt meist Eigenschaften aus wie Liebe, Fürsorge, Trost und Sicherheit. Sie bringt die Weisheit der Göttin mit und zeigt einen natürlichen Umgang mit Sexualität und dem Körper. Üblicherweise hat die alte Weise mediale und heilende Fähigkeiten und hat Humor und gute Laune. Sie sieht die Dinge langfristig und betrachtet das Leben aus einer höheren Perspektive. Sie hat ihre Angst vor dem Tod überwunden, weil sie sich selbst als Seele und Spirit erkannt hat. Sie bringt Führung und zeigt den Weg vorwärts. Sie ist eine hervorragende Hebamme, welche die Zukunft mit Leichtigkeit, Gnade und Anmut gebiert.

Wenn du diese Karte erhältst: Du sollst diesen Archetyp in dir erkennen und verwirklichen. Die Fülle der Gaben des Vorauswissen der alten Weisen wird dich auf einen Weg der Freiheit, Leichtigkeit und Wahrheit führen. Das wird die weibliche Seite deiner Natur stärken, und das wiederum fördert deine Beziehungen und deine Fähigkeit, Gnade zu empfangen. All das betont Geben, Fülle und Liebe, die aus dem Herzen deines innersten Seins kommen. Dieser Archetyp öffnet dich dafür, die Welt mittels Intuition und Bewusstheit zu erfahren. Du wirst Führung erhalten und damit kannst du auch anderen nutzen. Du bringst die Gaben der alten, weisen Frau; deine spirituelle Sichtweise wird heute alles in Ordnung bringen. Das uralte Wissen deiner Seele wird deine Umgebung segnen.

Die Gerechte

Die (oder der) Gerechte ist der Archetyp eines Menschen, der Gerechtigkeit liebt. Solche Menschen streben nach Fairness in jeder Hinsicht und sie halten sich an die Wahrheit. Aufgrund ihrer Einstellung zur Wahrheit, wird ihnen ihr Lebensweg erst ihren persönlichen Lebenszweck und dann ihre höhere Bestimmung offenbaren. Sie folgen einem Pfad der Integrität und kennen deshalb die Bedeutung von Ehre. Die Gerechte lebt nicht in der Bestrafung, sondern in der am weitesten gehenden Form der Gerechtigkeit, der Barmherzigkeit. Solche Menschen sind „weise wie Schlangen und unschuldig wie Tauben".

Gerechte sind eine Inspiration für ihre Umwelt. Menschen können zu ihnen kommen, um ihre eigene Wahrheit zu erfahren und so zu spüren, was die oder der Gerechte verkörpert.

Wenn du diese Karte erhältst: Du liebst Gerechtigkeit und du möchtest, dass alle fair behandelt werden. Deine tiefste Sehnsucht ist, die Wahrheit zu erfahren. Weder kann man dich leicht täuschen, noch bist du zynisch. Du strebst nach der wahren Balance aller Dinge. Manchmal hast du dich leidenschaftlich einer Sache verschrieben, an die du glaubst. Du hegst den Traum, dass jeder in Gerechtigkeit und mit Fairness leben möge. Der oder die Gerechte können aus allen Schichten der Gesellschaft stammen und allen politischen Überzeugungen. Du bist eine Beschützerin der Schwachen und Armen, bemühst dich, Korruption aufzudecken, damit Ungerechtigkeiten wieder ausgeglichen werden können. Indem du den Archetyp der Gerechten verkörperst, strebst du nach Reinheit an Herz und Geist und weißt, dass weniger als dies dich selbst und andere nur betrügen würde. Du kannst in Frieden mit dir selbst und deinen Handlungen leben, weil du die Tugend liebst – nicht um ihrer selbst willen, sondern als einen natürlichen Ausdruck eines inneren Gut-Seins.

Engel

Der Engel ist ein machtvoller Archetyp. Es gibt zahlreiche biblische und apokryphe Geschichten von Engelbesuchen. Ich bin auch häufiger zugegen gewesen, als Menschen intuitive Erinnerungen erzählt haben, dass sie Engel waren und sich entschieden hatten, auf die Erde zu kommen, um hier zu helfen. Manche dieser Menschen werden durch ihre Erinnerungen sicher einfach die Präsenz des Archetyps des Engels in sich entdeckt haben, aber aufgrund ihrer Berichte würde ich keineswegs all diese Erzählungen als reine Phantasie abtun. Viele Menschen haben Erfahrungen mit dem Engel-Archetyp, wobei entweder wir selbst oder ein anderer tiefe, offene Großherzigkeit und Güte gezeigt haben. Wenn jemand den Engel-Archetyp innerlich annimmt, handelt er oder sie unter Umständen so selbstlos, dass die Umwelt davon inspiriert wird. Manchmal scheint eine solche Person dann die höchsten Höhen menschlicher Größe und Gutherzigkeit erreicht zu haben. Ihre innere und äußere Schönheit verblüfft ihre Umwelt derart, dass sie dadurch an den Himmel erinnert werden.

Wenn du diese Karte erhältst: Du wirst vielleicht von einem Engel besucht oder du bist für einen anderen Menschen wie ein Engel. Du oder jemand, der dir nahe steht, tut heute etwas besonders Nährendes und Gütiges. Du gibst dich vielleicht aus ganzem Herzen einer Sache oder einem Menschen hin oder du wirst durch den Mut, die Schönheit und den Großmut einer anderen Person inspiriert. Du bekommst eine hilfreiche Botschaft oder gibst jemandem eine solche. Du oder jemand in deinem Umfeld ist vielleicht ein Licht oder ein Beispiel für die Liebe des Himmels für alle und jene Gnade, die ein Ausdruck dieser Liebe ist. Du erfährst unter Umständen eine ätherische Schönheit, die in dir die Sehnsucht erweckt, nach Hause zu kommen. Der Archetyp des Engels kann jenseits menschlicher Maßstäbe wirken, und er erinnert dich daran, dass du ewiger Spirit bist. Der Schriftsteller A. A. Attanasio nennt Engel „Feuerherren", die Dämonen bannen, Menschen inspirieren und den Weg sicher machen können. Heute wirst du etwas von diesem segensreichen Schutzgeist spüren, in dir oder durch einen anderen Menschen.

Erdmutter

Dieser Archetyp ist voller Mitgefühl und Fürsorge. Die Erdmutter hat einen „grünen Daumen", der Pflanzen, Tiere und Menschen nährt und pflegt. Sie hat ein besonderes Talent für den Umgang mit Kindern, obwohl jeder ihre ganze Zuwendung erfährt. Auch völlig Fremde fühlen sich ihr gegenüber offen und wollen mit ihr über ihr Leben reden und ihr sogar die eigene Lebensgeschichte erzählen. Da sich jeder danach sehnt, das Verständnis der Großen Mutter zu erfahren, erleben wir die Erdmutter als unsere eigene, manchmal auch als die Mutter, die wir vielleicht nie hatten. Die Erdmutter segnet die Erde und in ihr sind die Gnade und die archetypischen Energien aller großen Muttergestalten – von Maria, Kuan Yin, Kali, Isis, Lakshmi und Hathor bis zu Demeter. Sie drücken den Fluss des Lebens vom Himmel zu ihren geliebten Kindern aus. Die Erdmutter ist fruchtbar, üppig fließend, fürsorglich, sexuell und weiblich. Sie trägt das Füllhorn als Symbol der Ernte. Sie inspiriert Liebe durch ihre liebenswerte Art und sie gibt sich ständig hin, um anderen zu helfen, ernten zu können.

Wenn du diese Karte erhältst: Du trägst in dir die Erdmutter, ob du Mann oder Frau bist. Du hast ein großes Herz, das ganz natürlich Hilfe anbietet. Du spürst den Wunsch, dich um Menschen zu kümmern über den eigenen Bereich von dir selbst, deinem Partner, deiner Familie und deinen Arbeitskollegen hinaus. Du hast eine Liebe, die sich auf jeden erstreckt, um aus der Welt einen besseren Ort zu machen. Trotz der Beschränkungen durch Zeit und Raum versuchst du, dich um so viele Menschen in deiner Umgebung zu kümmern, wie es nur möglich ist. Durch dich fließen Leben und Inspiration. Du verkörperst Zärtlichkeit. Schönheit und Güte strahlen von dir aus. Deine Energie umhüllt alle um dich herum und du machst sie zu deiner Familie. Du bist ein Mensch, der segnet und große Segnungen mit sich bringt. Du bist wirklich hilfreich. Wenn du heute diese Karte erhältst, erkenne diesen Archetyp in dir und teile ihn mit anderen. Deine Fähigkeit als eine herzlich mitfühlende Mutter öffnet sich weiter und umfasst immer mehr.

Frau

Der Archetyp der Frau ist der Archetyp unserer Weiblichkeit, unser Empfänglichkeit. Es ist der Archetyp der Ernährerin, des Herzens der Familie, um das sich Heim und Herd entwickeln. Die Frau ist die Bewahrerin von Beziehungen und die Hüterin all jener Kommunikation, die Brücken baut. Sie ist die Essenz von Schönheit und Empathie und von allem, was inspiriert; sie trägt ihre eigene innere Macht in sich. Sie baut durch Beziehungen auf; sie ist für die Geburt verantwortlich, nicht nur physisch, sondern auch emotional und spirituell. Die Frau findet den Weg in sich selbst und weiß deshalb, wie alle Dinge zusammenpassen. Der Frau ist die Aufgabe übertragen worden, sich um das Innere zu kümmern. Sie ist Süße, Schönheit und Licht. Wenn es dem Mann darum zu tun ist, eine Arbeit fertigzustellen, dann ist es die Frau, welche die Beziehungen aufbaut, damit das möglich wird. Sie ist die praktische Führerin für das Männliche und eine natürliche Dirigentin seiner Energie und Begeisterung. Sie ist die Verkörperung emotionaler Bewusstheit, höchster Sensibilität, Zärtlichkeit und stimmiger Beziehung. Während der Mann der archetypische Kopf ist, ist die Frau das archetypische Herz. Offensichtlich sind beide wesentlich. In einer Zeit jedoch, die den Kopf und das Männliche bevorzugt, wird der Archetyp der Frau doppelt wichtig, weil sie Balance und Beziehungsfähigkeit einbringt. Dieser Archetyp vermittelt uns Anmut und die Fähigkeit zu empfangen. Er bringt uns von der Vision weiter zur Mystik und erlaubt uns so, in uns selbst den Weg heim zu finden.

Wenn du diese Karte erhältst: Du wirst mit dem Archetyp der Frau beschenkt. Sie bringt Offenheit und Empfänglichkeit. Sie bringt den Mut zu empfangen und alles, was voller Leid und aus dem Gleichgewicht geraten zu dir kommt, zu transformieren, indem sie dich in dein Herz führt und Trost und Liebe spendet. Die Frau bringt uns Schönheit, Gnade und Anmut und lässt uns die innere Natur der Dinge erkennen, indem wir unsere eigene innere Natur entdecken. Du erkennst Dinge intuitiv, von innen heraus. Du wirst ganz selbstverständlich die Liebe des Himmels für die Welt empfangen, und so kannst du alles in Ordnung bringen, zunächst in dir selbst und dann in der Außenwelt.

Freund/in

Dies ist ein machtvoller Archetyp. Der Freund bzw. die Freundin handelt aufrichtig, voller Mitgefühl und Barmherzigkeit. Der Archetyp des Freundes erzeugt fließende Lebensenergie, Bonding*, Lebensfreude und Produktivität. In der Gegenwart eines Freundes bzw. einer Freundin kommt es zu Entspannung und Wohlgefühl. Der Freund ist für einen da, in guten und in schlechten Zeiten. Wenn er oder sie dabei ist, und man sich mit ihm bzw. ihr darüber austauschen kann, werden Sorgen und schwierige Arbeiten leichter und festliche Anlässe glücklicher. Der Freund bringt Hilfe, Unterstützung, Kommunikation und Führung mit sich. Das Leben wird durch ihn reicher und sinnvoller. Freunde haben Humor und lachen gemeinsam mit uns; sie helfen anderen, sich und das Leben nicht so schwer zu nehmen. Jemand kann in jeder Hinsicht arm sein, aber sich dennoch als reich und glücklich empfinden, wenn er oder sie einen echten Freund bzw. eine wahre Freundin hat.

---

* *Bonding:* Innige Herzensverbundenheit; Begriff aus der Psychologie der Vision (siehe „Es muss einen besseren Weg geben" im Anhang).

Wenn du diese Karte erhältst: Es ist Zeit, ein Freund zu sein, nicht nur für deine Freunde und Freundinnen, sondern für jeden, dem du begegnest. Dieser Archetyp wird die Welt auf die nächst höhere Ebene führen. Sobald du erkennst, dass die Einstellung „Freunde helfen Freunden" die beste Möglichkeit ist, eine Welt zu verändern, die bisher auf Trennung aufbaut, wird sich die Welt zum Besseren wenden, und das fängt mit dir an. Als Freund hast du die Chance, ein Leben zu führen, das erfüllt und glücklich ist. Als Freund für die ganze Welt erfährst du dann kreative Lebensfreude und Erfüllung, weil du deine Bestimmung lebst. Du wirst zu einem Leuchtturm, der den Weg nach Hause zeigt und als ein echter Führer entlang des Weges hilft. Der Archetyp des Freundes gehört heutzutage zu den am schnellsten sich verbreitenden Archetypen. Wenn du diesen Archetyp in dir annimmst, wird Gott, der Große Freund, durch dich wirken, um der Welt zu helfen. Du wirst gleichgesinnte Menschen finden, und ihr werdet zu einem Team von Freunden, das Lebensfreude und Gemeinsamkeiten bringt, wohin ihr euch auch wendet.

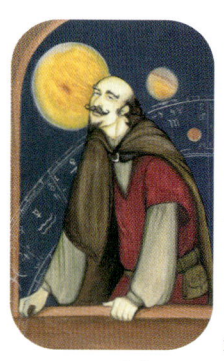

Genie

Ein Genie ist eine Person mit hoher Intelligenz, die zu einem originären Denker bzw. Denkerin geworden ist. Das Genie hat eine Art, weit entfernt liegende Gedanken zusammenzubringen, um Durchbrüche und bessere Erklärungen zu erzeugen. Die Brillanz eines Genies erweist sich auf natürliche Weise bei neuen Entdeckungen und der Formulierung neuer Modelle. Genies sind Pfadfinder – Visionäre, die einen besseren Weg finden. Sie nehmen die Welt von ungewohnten Blickpunkten her wahr, was ihnen einzigartige Erfahrungen vermittelt. In ihrem Denken ist Höhe, Tiefe und Weite, weil sie ihrem Geist erlauben, sich über das Gewohnte hinaus auf Entdeckungsreisen zu wagen. Das Genie ist ein helles Licht, das die größere Kapazität seines Bewusstseins anwendet, um Probleme zu lösen, Erfindungen zu machen oder etwas zu entdecken, was bisher verborgen war.

Wenn du diese Karte erhältst: Dein Bewusstsein ist dabei, sich wie eine Blüte zu öffnen, für eine gänzlich neue Ebene der Intelligenz, die im Dienst für andere und für dich selbst angewandt werden kann. Es ist Zeit, diese visionäre Gabe zu erkennen und anzunehmen. Der Geist hat ein großes Potenzial, die Welt auf neue Weise zu sehen und zum Besseren zu verändern. Mit Genie setzt du deinen Geist auf kreative Weise ein und du erreichst durch visionäres Denken erweiterte Bewusstseinszustände. Als Genie bist du zu einem Star des Geistes geworden. Dein Denken segnet die Menschen um dich herum und sogar die ganze Welt. Du vermagst es, dein Bewusstsein zugunsten einer Veränderung auf einer hohen Ebene einzusetzen. Du folgst einem Denken, das einzigartig ist, und du findest einen neuen Weg. Du weißt, dass es nur eine Frage der Zeit, Hingabe und Ausrichtung deines Geistes ist, um Antworten zu finden, zu hören oder zu erkennen.

Gott

Dies ist einer der stärksten und positivsten Archetypen in uns. Güte, Gutheit, weit geöffnete Großherzigkeit und Mitgefühl kommen aus dieser höchst positiven Gabe von der Seelenebene. Mit dem Gottes-Archetyp haben wir eine Ebene der Macht und der Begabungen, die uns über die Grenzen dessen emporzuheben scheint, was andere offensichtlich zurückhält. Wir erfahren Glück, das wir mit anderen als großen Segen teilen. Wir öffnen uns für andere und stärken sie, und die Menschen sind uns dankbar. Wir entdecken und nutzen Gaben und Bereiche des Geistes, von denen andere nur träumen, die aber auch sie eines Tages im Verlaufe ihrer spirituellen Entwicklung entdecken und nutzen werden. Wir werden von einer Herrlichkeit und

Schönheit erfüllt, die andere unwiderstehlich finden. Der Gottes-Archetyp hat den Schatz des tiefen Unbewussten geöffnet, wo Wunder unser natürliches Erbe darstellen. Wir können andere Existenzebenen sehen, erfahren und uns sogar hinein- und hindurchbegeben. Der Gottes-Archetyp bringt Ebenen der Vitalität und Initiative, die uns erlauben, über die Begrenzungen hinauszugehen, welche die meisten Menschen binden.

Wenn du diese Karte erhältst: Du hast einen der mächtigsten Archetypen erhalten. Wenn du ihn innerlich annimmst, hilft dir das, deine unbegrenzten Fähigkeiten zu erkennen. Du hast sie, weil du schließlich eins mit Gott bist – als ein von Ihm geschaffenes Wesen. Das ist eine der letzten und höchsten Erkenntnisse, die du auf dem Weg zur Erleuchtung erlangst. Der Gottes-Archetyp ist zwar noch ein Selbstbild, aber ein uraltes und positives, welches dir zu erkennen hilft, dass dein Nachname, als Kind Gottes, auch Gott ist. Auf dem Weg zur Verwirklichung von Eins-Sein wirst du auch dieses Selbstbild loslassen, wenn du die Grenzenlosigkeit deines Spirits im Großen Spirit entdeckst. Akzeptiere heute den Gottes-Archetyp und nutze ihn, um dein Leben aufzubauen. Er bringt Stärke, Hilfe in allen Lebenslagen, großes Glück und Gnade mit sich. Teile diese Energie heute mit jemandem, der sie dringend braucht.

Göttin

Der Göttinnen-Archetyp ist machtvoll und tiefgreifend. Er ist voller Fürsorge, Zärtlichkeit, Empfindsamkeit, Fruchtbarkeit und Sexualität. Unter ihrer Berührung wachsen alle Dinge. Durch ihren Trost und ihr Heiligtum wird jeder gesegnet. Die Göttin ist die große Mutter. Sie ist die große Liebhaberin und Liebende, die sich selbst ganz schenkt und nichts zurückhält. Die Göttin ist die Verkörperung von Liebe und Barmherzigkeit für alle. Sie ist ein Quell alter Weisheit und jugendlichen Überschwangs. Sie verkörpert Keimen und Erblühen, vor allem aber atemberaubende Schönheit. Sie widmet sich der Wahrheit und liebt es, das wegzuschneiden, was nicht wahr ist. Sie zieht die zurück, die einen falschen Weg eingeschlagen haben, findet die Verirrten und stimmt die Rebellen auf eine harmonische Vereinigung ein. Sie nimmt alles, was problematisch ist, und verwandelt es.

Wenn du diese Karte erhältst: Du wirst eingeladen, jetzt den höchsten weiblichen Archetyp innerlich anzunehmen. Er besitzt Macht, Schönheit, Sinnlichkeit, Weisheit, Eleganz, Gnade und Fürsorge, die er dir und durch dich anderen anbietet. Manchmal gibt es so viel Aggressionen, Zweifel, Hektik, Dissoziation, Selbstqualen, Schuldgefühle, Angst und Autoritätskonflikt, dass der machtvolle Göttinnen-Archetyp in dir genau das ist, was als Hilfe gebraucht wird. Unschuld, Mut und Liebe heilen alle Formen von Dunkelheit und die Symptome, die von einem Mangel an Liebe herrühren. Der Göttinnen-Archetyp hilft dir, dich an deine Ganzheit zu erinnern und daran, dass du immer alles vom Himmel erhältst. Du kann dich dafür öffnen und hingeben und die Fülle für deine Umwelt empfangen, besonders für jene, die große Not leiden. Der Göttinnen-Archetyp hilft dir, dich an das Reich Gottes zu erinnern, das nicht nur in dir ist, sondern das du selbst auch bist! Das erinnert dich dann daran, dass alles für dich und durch dich getan wird, wenn du es zulässt. Es erinnert dich daran, wo du hingehst und wer dich auf deinem Weg immer begleitet. Wenn du offen für den Göttinnen-Archetyp bist, steht für dich und andere, mit denen du es teilst, ein wundervolles, süßes Leben bereit.

Gute Fee

Der Archetyp der guten Fee kommt aus dem weiblichen Teil deines Bewusstseins. Die gute Fee ist gütig und wohlwollend. Ihr machtvollstes Geschenk ist jedoch, dass sie Träume wahr macht. Sie erfüllt das tiefste Sehnen des Herzens und verwirklicht unsere Wünsche. Die gute Fee bringt das Wohlgefühl einer Großmutter und die Offenherzigkeit der besten Freundin mit sich. Sie erkennt auch unausgesprochene Bedürfnisse und erfüllt sie, bevor man sie darum bittet. Sie ist so intuitiv, sensibel und voller Möglichkeiten und Mittel, dass ihr ein Hauch des Zaubers anhaftet. Durch sie fließt etwas vom Reich des Zaubers und der Wunder in die irdische Welt. Die gute Fee kann unter den schlimmsten Umständen die größte Hilfe sein. Sie ist eine Wunschgefährtin, die uns hilft, die schönsten Zeiten zu genießen, und die uns in den schlimmsten Zeiten rettet.

Wenn du diese Karte erhältst: Wenn du den Archetyp der guten Fee innerlich annimmst, kannst du einen der erfüllendsten Archetypen verwirklichen. Du bist in der Lage, auf inspirierende Weise zu dienen und anderen zu helfen, eine „Geschichte des schönen Lebens" zu verwirklichen. Du bringst Funkeln und Magie in eine dumpfe Welt, du erhebst andere, indem du Möglichkeiten und Träume in Realitäten verwandelst. Du bringst die Macht des Geistes auf neue Höhen und bietest Unterstützung und neue Ebenen von Freiheit für andere und dich selbst. Du öffnest Kanäle der Gnade und Wunder und bist entzückt, andere glücklich machen zu können. Du hast ein Talent für Geschenke und verfügst über die notwendigen Fertigkeiten, etwas zu manifestieren, was sonst sehr schwierig wäre. Die Menschen lieben dich für all das, was du gibst, aber vor allem lieben sie dich dafür, wie du neue Möglichkeit in einer Welt eröffnest, die sonst vor allem an Beschränkungen glaubt.

Häuptling

Der Häuptling ist einer der grundlegenden Archetypen. Es ist typisch für ihn (oder sie), dass er die Führungsposition in einer Gruppe innehat, dass er den Rat von Schamanen sucht, während er die Krieger und das Volk anleitet. Der Häuptling steht im Brennpunkt des Stammes, er führt und stellt sicher, dass der Stamm materiell gesehen überlebt. Er spiegelt das kollektive Bewusstsein der Gruppe wider, die er anführt. Aspekte dieses Archetyps tauchen in jeder Führungsaufgabe auf. Der Häuptling ist sowohl verantwortlich als auch fähig, dieser Verantwortung gerecht zu werden. Er geht auf alle inneren und äußeren Kräfte ein und weiß deshalb, in welche Richtung man vorwärtsgeht, um die besten Ergebnisse zu erreichen. Der Häuptling ist wie Vater und Mutter des Stammes. Sein Hauptinteresse ist das Wohlergehen der Gruppe als Ganzes und der Individuen, die in seiner Obhut sind und für gemeinsamen Fortschritt arbeiten.

Wenn du diese Karte erhältst: Gehe über alle Vorbehalte dir selbst gegenüber hinaus und übernimm zum Nutzen der Gruppe eine Führungsrolle. Ein Häuptling sucht immer nach einem besseren Weg und ist bereit, einen Schritt nach vorn zu machen. Er sucht nach Ressourcen, welche seine (oder ihre) Gruppe inspirieren und erhalten. Er ermächtigt andere und strebt immer nach der besten Richtung für Fortschritte für die Menschen, für die er Verantwortung trägt. Der Häuptling hat die Bedürfnisse seines Volkes erkannt und reagiert auf die Hilferufe um ihn herum. Der Archetyp des Häuptlings ist zwar ausgeglichen, drückt jedoch mehr die maskuline Seite aus, da er zur Aktion anleitet. Er plant, gibt erste Anstöße und handelt im Sinne jener, die er (bzw. sie) führt. Heute bietet sich dir die Chance, dass du diesen Archetyp einer höheren Form der Kraft und Führungsverantwortung erkennst und annimmst. Nimm deinen Platz in der Mitte ein – das wird für jeden gut sein. Du wirst gebraucht. Du kannst, was gebraucht wird. Deine Bereitschaft ist das, was nun noch benötigt wird. Reagiere auf diesen Ruf.

Hausmutter

Die Hausmutter* ist einer der stillen Archetypen in uns, und doch ist sie in einer derart entfremdeten Welt sehr kraftvoll. Sie kümmert sich nicht nur um Heim und Herd, was mit den Funktionen von Schlaf und Ernährung zu tun hat, sondern bringt auch die Eleganz und Liebe ins Haus, die ein Heim erst nährend und angenehm machen. Wir alle vermissen den Himmel als unsere Heimat und unser Heim; der Archetyp der Hausmutter bringt etwas Ungreifbares, Leichtes mit sich, das uns eine Ahnung vom Himmel vermittelt, dem einzigen Heim, das uns vollständig erfüllen wird. Die Hausmutter befriedigt diese Sehnsucht zwar nicht, aber sie bietet uns Ruhe und Rast auf der langen Reise. Sie entstammt unserer weiblichen Seite und erzeugt ein Ambiente und eine Umgebung des Friedens und des geschützten Raums. Die Hausmutter nimmt uns in ihr Heim mit, erneuert unseren Geist und stärkt unser Herz, während sie unsere Wunden verbindet. Sie vermittelt uns ein Gefühl des Daheim-Seins, weil sie sich selbst um uns kümmert, weil sie Menschen willkommen heißt und zusammenbringt.

Wenn du diese Karte erhältst: besitzt du die Gabe, Menschen zu trösten, willkommen zu heißen und zu erneuern. Das tust du vielleicht durch Kommunikation oder durch Kochen oder einen hervorragenden Drink für jemanden, der süße Rast sucht. Du sammelst Menschen energetisch um dich und bewirtest sie. Du bist die perfekte Gastgeberin bzw. der perfekte Gastgeber, der auch die unausgesprochenen Wünsche erfüllt. Du zeigst eine Seite der Großen

---

* Im Englischen heißt es homemaker, womit der Begriff Heim deutlicher betont wird als beim deutschen Wort „Hausmutter".

Mutter, indem du Menschen umsorgst, es ihnen gemütlich machst und sie mit deiner zärtlichen Energie umhüllst. Barmherzigkeit und Gnade fließen durch dich, um so Festlichkeit zu erzeugen. Du schaffst es, aus wenig viel zu machen, und du hast guten Geschmack und weißt dir zu helfen, ob du nun einen Imbiss vorbereitest oder einen Raum schmückst. Du erlaubst Menschen, sich auszuruhen und zu entspannen, in deinem Heim und in deinem Herzen. Du bringst physische und spirituelle Nahrung für deine Umwelt. Du magst es gern, dich um Menschen zu kümmern und sie glücklich zu machen. Unter dir ergeht es ihnen gut. Du bist eine Priesterin von Gaia, der Erdmutter und Göttin, und du segnest die Welt mit süßer Bemutterung.

Heiler/in

Heiler sind jene, die ausreichend eigene Verletzungen geheilt haben, um anderen von Nutzen sein zu können. Heiler wenden sich aus Mitgefühl anderen in Not zu. Sie tragen in sich Aspekte von Elternschaft und Fürsorge und dem „grünen Daumen", der anderen hilft, zu heilen und zu wachsen. Heiler spüren tief in sich hinein, um einen Durchbruch und einen Weg für andere zu finden und die Liebe und Fürsorge, den Raum und die Methode zu finden, welche die Gnade der Heilung möglich machen. Während sie sich um die „technische" Seite kümmern, bemühen sich Heiler jedoch auch darum, den Schlüssel zu finden, um die andere Person zu motivieren, sich selbst zu heilen. Echte Heiler halten sich nicht aufgrund ihrer Heilgaben für besonders, weil sie das ja nur von den leidenden Menschen trennen würde. Somit wären die Heilsuchenden dann von ihnen als Heiler abhängig, anstatt sich für die Heilung als Gnade zu öffnen. Und das würde die Liebe und Ebenbürtigkeit blockieren, welches die wahren Schlüssel zur Heilung sind. Echte Heiler helfen den Menschen, den inneren Konflikt zu heilen und den inneren Frieden zu erlangen, der dafür notwendig ist. Sie wenden sich den Menschen zu und verstehen es exzellent, sich mit denen zu verbinden, die Heilung durch Herzensbindung brauchen. Diese Herzensbindung gewinnt dann Vorrang und zerschmilzt den inneren Konflikt, der Krankheit und Verletzung verursacht.

Wenn du diese Karte erhältst: Erkenne, dass du den Ruf bekommen hast, Heiler bzw. Heilerin zu sein. Jeder von uns soll Heiler sein, weil das Teil unserer aller Bestimmung ist. Jeder von uns muss sein Leben verändern und anderen helfen, ihr Leben zum Besseren zu transformieren. Nur wenige allerdings hören auf diesen Ruf und versuchen lieber, sich zu verstecken, bis sie von ihrer Seele vorwärtsgestoßen werden oder ein manchmal raues Erwachen erleben. Heiler haben diesen Teil ihrer Bestimmung angenommen. Heilen erfüllt dich, weil es dich glücklich macht, mitzuerleben, wie sich Menschen zu ihrem Vorteil verändern und heil und ganz werden. Als Heiler reagierst du auf die Hilferufe um dich herum, und du lernst, indem du dich voll und ganz gibst und einsetzt. Wenn du das tust, erweckst du andere für ihren eigenen Wunsch, sich und andere zu heilen.

Held

Ein Held (bzw. eine Heldin) ist jemand, der über sich hinausgeht, um etwas zu retten oder zu leisten. Wenn der Ruf kommt und die Not sichtbar wird, reagiert der Held. Er reagiert manchmal instinktiv und manchmal nach reiflicher Überlegung, je nachdem, was gerade notwendig ist. Ein Held tritt vor, und mit dem Mut, der aus Liebe entsteht, handelt er. Es ist Teil seiner Bestimmung und er bewirkt etwas sowohl für die jeweilige Situation als auch etwas für die Welt als Ganzes. Man kann diesen Zustand im Nu erreichen oder als Teil einer langsamen Entwicklung zur Transzendenz, die zu Vision führt. Der Held bewegt etwas durch Inspiration und seine Handlungen können Menschen noch Jahre später inspirieren. Wir können andere nur durch das inspirieren, was unser Herz öffnet und berührt, denn so öffnet und berührt es auch die Herzen anderer. Helden erheben uns durch ihre Handlungsweise. Ob es nur einen Augenblick lang dauert oder sich ein ganzes Leben hindurch fortsetzt: dass Helden alles geben, erweitert das menschliche Bewusstsein.

Wenn du diese Karte erhältst: Du hast bereits oder stehst kurz davor, einen der ältesten und grundlegendsten Archetypen anzunehmen. Als Held hebst du jede Situation auf eine neue Bewusstseinsebene. Du hast in die inneren Tiefen hineingespürt, um über das hinauszugehen, wie du dich bisher definiert hast. Du hast alles riskiert und gibst dich voll und ganz, ohne etwas zurückzuhalten. Wie auch das Ergebnis sein mag: Du hast aus der Welt einen besseren Ort gemacht. Du hast dich selbst so authentisch und aus ganzem Herzen gegeben, dass du selbst erfüllt wirst, indem du deine Bestimmung erfüllst. Helden zeigen anderen Menschen, was möglich ist, und sie heben die Maßstäbe für die Lebensführung an. Sie bieten auf einladende Weise etwas an, anstatt etwas zu fordern. Helden sind Pioniere auf dem Weg und führen andere an. Indem du so weit und großherzig lebst, erinnerst du andere an den Helden, der auch in ihnen selbst steckt. Du hast den Ruf deines Herzens gehört und viele Herzen werden als Echo darauf eingehen. Ob du es weißt oder nicht, du hast einen wesentlichen Beitrag für die Welt geleistet.

Hohepriester

Der Hohepriester ist ein Archetyp, der auf einer hohen Ebene der Meisterschaft auftaucht. Er kann Gott zur Menschheit bringen und die Menschheit zu Gott. Der Hohepriester ist offensichtlich ein Ausdruck unserer männlichen Seite, aber er ist so mit dem Weiblichen verbunden, dass er auf den höchsten Ebenen von Yin und Yang ausgeglichen ist. Er hat den Glauben an seine Bestimmung bewahrt und deshalb bleibt ihm im Bereich des Wissens nichts verborgen. Der Hohepriester stellt eine Brücke zwischen Himmel und Erde dar. Er bringt Hoffnung und Zugangsmöglichkeiten und überbrückt die unmögliche Entfernung zwischen Zeit und Ewigkeit. Er ist ein lebendiger Brunnen an spiritueller Weisheit. Er ist die Wasserstelle in der spirituellen Wüste. Er wird von der Quelle selbst versorgt, sodass keiner verdursten muss.

Wenn du diese Karte erhältst: Du hast einen der seltenen Archetypen aus dem kollektiven Unbewussten, der dich wissen lässt, dass es deine Bestimmung ist, die Menschheit zur Göttlichkeit zu führen. Der Hohepriester führt die Menschheit auf dem Weg heim. Er (oder sie) wirkt Wunder, spart Zeit, beseitigt Hindernisse und Beschränkungen. Er ist ein Avatar für die Menschheit. Diese Karte bedeutet, dass du jetzt bereit bist, zumindest teilweise deine Bestimmung anzunehmen und dich Menschen zuzuwenden, zu denen du geführt wirst. Du bist eine Brücke zwischen Himmel und Erde. Du bist ein Licht für die Welt. Du bist ein Botschafter, eine Botschafterin der Liebe und des Himmels.

König

Der Archetyp des Königs ist eine der wohlwollenden Autoritäten. Der König trägt königliche Macht und Adel. Er hat den Narzissmus, dass sich alles um ihm drehen müsste, längst hinter sich gelassen. Er denkt an sein Reich, als ob es er selbst wäre, und hat eine Haltung des Dienens und der Führung eingenommen. Als ergebener König wird er die Verehrung seiner Untertanen gewinnen. Er ist nicht nur aufgrund seiner Abstammung königlich, sondern auch in seiner Haltung. Er ist der Brennpunkt des Reiches und er vereint es um sich selbst herum. Der König besitzt Attribute der Stärke und Weisheit; er möchte das Reich und dessen Volk zur Blüte führen. Er ist der mitfühlende, verantwortliche Führer, der mit Hilfe seiner Vision den Weg vorwärts findet, um für Frieden und Wohlstand zu sorgen. Der König und sein Volk sind unzertrennlich: Er spiegelt das Land und alle seine Bewohner wider – und der Zustand des Königreichs spiegelt ihn wider.

Wenn du diese Karte erhältst: Öffne dich für den Archetyp des Königs. Das wird dir Eigenschaften wie Führungsverantwortung und Dienst am großen Ganzen vermitteln. Deine Weisheit, Reife und Fähigkeit, das ganze Bild zu überschauen, sind die notwendigen Merkmale, um dein Leben und das anderer sinnvoll zu verändern. Durch den Archetyp des Königs erfährst du die Energie der Gruppe, du kannst sie verfeinern und auf eine ganz neue Ebene heben. Mit dieser Qualität hast du die Chance, alles zu fördern, was gut und wahr ist. Du hast den Mut, die notwendige Verantwortung zu übernehmen, um die Situation zum Besseren zu wenden. Weder hast du Angst vor Macht noch davor, zum Allgemeinwohl zu herrschen und zu regieren. Du segnest und bringst Segen, indem du im Namen der Menschen deiner Umwelt handelst. Aufgrund deines Adels und Edelmutes wirst du geehrt. Wegen der Hilfe, die du gibst, wird dir gleichfalls geholfen. Da du dein Leben nicht nur für dich führst, hältst du das heilige Versprechen, welches du gegeben hast, bevor du in dieses Leben gekommen bist. Weil du liebst, inspirierst du Liebe in deiner Umgebung. Du lebst für das Gemeinwohl und deshalb wirst du erfüllt.

Königin

Die Königin ist das Symbol weiblicher Kraft und Anmut. Sie hilft dem König, das Reich zu regieren. Im Schachspiel ist die Königin die mächtigste Figur auf dem Brett; sie beschützt den König oder führt den Angriff. Die Königin empfängt für das Reich. Ihre Beziehung zum König spiegelt das Reich wider und sie gibt dem Reich Leben. Die Königin kann dem Land Liebe, Mitgefühl, Güte und Schönheit bringen, aber auch Fülle, Fruchtbarkeit und Hochherzigkeit. Die Königin stärkt Wahrheit, Diplomatie, den guten Willen und die Effektivität. Sie ist das Juwel des Reiches. Wenn der König das Haupt des Königreichs ist, dann ist sie das Herz, das es belebt. Wenn es eine tiefe, unverbrüchliche Liebe zwischen König und Königin gibt, dann wird das Königreich visionär und kreativ sein und einen Forschritt aufweisen, der inspiriert. Als Kanal für Gnade ist die Königin von entscheidender Bedeutung für den Erfolg und den Geist des Reiches.

Wenn du diese Karte erhältst: Das Weibliche in dir hat einen Platz der Kraft und der Willensstärke erreicht zu Gunsten der Menschen um dich herum. Du bringst Wahrheit; du erleuchtest den Weg zum guten Willen mit deiner Schönheit und du nährst deine Umwelt. Dir wird nur deshalb gedient, damit du selbst jedem und dem größeren Ganzen besser dienen kannst. Du bist liebevoll und wirst geliebt. Du bringst Glück und empfängst Fülle für alle. Du bist Macht, Güte und Fürsorge in einem. Du lebst für mehr als nur für dich selbst. Du bist als Mutter eines Reiches sowohl praktisch als auch inspirierend. Nicht Besonderheit macht die Königin zu dem, was sie ist, sondern ihr Dienen. Sie ist das Weibliche, das neues Leben gebiert, und wenn du diesen Archetyp innerlich annimmst, wirst du der Welt ständige Neugeburt bringen. Sei der oder die Geliebte für deine ganze Umwelt, indem du die liebst, die deiner Obhut anvertraut worden sind. Dein Herz ist groß genug dafür. Du bist eine Königin.

Kraftmensch

Der Kraftmensch ist der höchste Archetyp physischer Stärke. Es ist der Herkules in uns; er kommt von unserer männlichen Seite her. Diese Seite hat eine innere und äußere Kraft entwickelt, damit wir in Notzeiten parat sind. Es ist besonders gut, sich für diese Kraft im Inneren zu öffnen, damit wir die normalen Maßstäbe des Körperlichen überschreiten und jede Herausforderung annehmen können. Der starke Mensch besitzt zwar unglaubliche Stärke, ist jedoch nicht von seiner körperlichen Kraft abhängig, sondern von der Stärke seiner Liebe, die den Körper führt. Im Wissen, dass alle wahre Stärke dem Himmel entstammt, öffnet er sich für diese Liebe und wird zu einem Symbol der Kraft des Himmels. Er hat die Ausdauer und die Muskelkraft, um jede Aufgabe zu bewältigen, die ihm vorgesetzt wird. Und doch weiß er zugleich, dass es die Liebe und der Himmel sind, also transzendente Kräfte, die ihn inspirieren, über Grenzen hinauszugehen.

Wenn du diese Karte erhältst: Erkenne die Stärke in dir. Nutze sie für dich selbst und zu Gunsten von Menschen in deiner Umgebung. Deine Stärke ist eine Form von Liebe, Willen und Dienst für Menschen in Not. Du trägst in dir die Kraft, mit der du jede Aufgabe, die dir gestellt wird, erledigen kannst. Und doch wird deine Kraft noch größer sein, wenn du inspiriert bist, und sogar noch stärker, wenn du die Kraft des Himmels durch dich fließen lässt, um zu helfen. Diese Kraft kann an ein Wunder grenzen oder einfach wie ein Himmelsgeschenk wirken, das du bekommst, um das Leben anderer Menschen leichter zu machen. Nimm die Stärke in dir an. Du hast, was es braucht, um Erfolg zu haben. Zweifle nicht an dir selbst. Gib dich in die Hände des Himmels. Du kannst schaffen, was gebraucht wird.

Krieger

Dieser Archetyp kommt häufig vor. Ob wir ein Mann sind oder eine Frau, stammt der Krieger-Archetyp doch aus unserer männlichen Seite. Der Krieger verteidigt die Gemeinschaft und führt Krieg, um Schaden abzuwenden und Zerstörung zu verhindern. Er sichert gegen Angriff. Er folgt den Befehlen des Häuptlings und der Führung des Schamanen und schützt so vor dem Bösen. Der Krieger ist diszipliniert und zu Heldentaten fähig. Er ist die Personifizierung von Tapferkeit, der mutig kommuniziert, um sich und andere davor zu bewahren, beherrscht, missbraucht oder gefangen genommen zu werden. Der Krieger ist der Beschützer, der verhindert, dass Unschuldige von den negativen Wünschen anderer überrannt werden. Bis wir den Dualismus überwunden haben werden, ist der Krieger notwendig, um unsere Rechte zu behaupten und uns zu verteidigen.

Wenn du diese Karte erhältst: Verwirkliche den Krieger-Archetyp zu deinem Nutzen und dem für andere. Der Krieger wird deine weiblichen Qualitäten mit der Notwendigkeit zu handeln ausgleichen und dir den Mut geben, mit Themen und Problemen umzugehen, die erledigt werden müssen. Der Krieger bzw. die Kriegerin ist eine Person, die sich um Ungerechtigkeit kümmert, um Stagnation und Ungleichgewicht. Sie bringt die notwendige Macht mit sich, um sich dem entgegen zu stellen, was beschönigt oder unter den Teppich gekehrt wurde. Dieser Archetyp verleiht dir den notwendigen Mut und bringt dich in deinem Leben Schritt für Schritt vorwärts. Der Krieger agiert aus seiner Kraft und Macht heraus und erzeugt eine Stärke, die sowohl standhaft als auch zuverlässig und treu ist. Wenn man ihn anruft, kann er mit feuriger Gewalt jene verteidigen, die in Not sind.

Lebendige Schönheit

Die lebendige Schönheit ist ein Archetyp, der berückende Schönheit verkörpert. Das kann jemand mit großer äußerer Schönheit sein, dem eine atemberaubende innere Schönheit entspricht. Dies ist ein friedvoller, freundlicher Archetyp, der liebevoll auf andere eingeht. Jemand, der die Anmut der lebendigen Schönheit besitzt, verbindet sich mit anderen in inniger Nähe. Es sind liebliche und liebevolle Menschen, die den Stress der modernen Welt irgendwie hinter sich gelassen haben. Ihre Schönheit öffnet Menschen und berührt sie tief im Inneren. Die lebendige Schönheit hat Inspiration, die das Herz bewegt und andere Menschen empfänglich und zärtlich macht. Dieser Archetyp wird manchmal durch großmütiges Heldentum oder Akte großer Barmherzigkeit zum Ausdruck gebracht. Lebendige Schönheit öffnet uns für Gefühle der Intimität und bringt uns schließlich in einen mystischen Zustand, wo wir alles, was wir in einem geliebten Menschen suchen, im göttlichen Geliebten finden.

Wenn du diese Karte erhältst: Es ist Zeit, dass du die Tür deines Bewusstseins für eine ganz neue Ebene von bezaubernder und verlockender Schönheit öffnest. Das bringt Gefühle der Wertschätzung und Lebensfreude mit sich, die du mit deiner Umgebung teilen und so dein Erleben noch mehr bereichern und ausweiten kannst. Das macht jene Art von transzendentem Geben von uns selbst möglich, das uns und andere begeistert. Lebendige Schönheit symbolisiert, wie auch die anderen Archetypen, etwas Größeres als die Person, die den Archetyp verkörpert. Sie ist ein Zugang zum

Himmel. Sie erlaubt dir, über dein Alltagsleben und Abwehrmuster hinauszugehen und nach etwas Höherem und Zauberhafterem zu greifen, bis eines Tages die ganze Welt in Harmonie und Schönheit lebt.

Lehrer

Ein Lehrer öffnet die Tür zum Geist und präsentiert neue Welten. Der Enthusiasmus für ein Thema, den Lehrer weitergeben, bleibt noch lange Zeit nach ihnen bestehen. Vor allem vermitteln Lehrer eine Liebe zum Lernen und eine Bereitschaft, sich von dem, was man lernt, verändern zu lassen. Lehrer halten die Zukunft in ihren Händen. Wenn sie inspiriert sind, können sie andere inspirieren, und die Liebe, die sie ausstrahlen, übermittelt den Schülern und Studenten eine Liebe zum Lernen. Lehrer verbinden Schüler mit dem süßen Joch eines sich entfaltenden Bewusstseins. Sie leiten Studenten bei deren Entfaltung und erfüllen sie mit den Gaben, die in ihrem eigenen Leben eine Rolle spielen; sie berühren die Herzen der Schüler auf eine Weise, die ein ganzes Leben lang etwas bewirkt. Die besten Lehrer und Lehrerinnen sind gute Schüler und Schülerinnen, die vom inneren Lehrer den Weg gezeigt bekommen. Indem sie ihren Geist öffnen, helfen sie anderen, das kostbare Geschenk des Himmels zu öffnen, welches in einem Bewusstsein besteht, das dem Lernen dient und in die Tiefen der Seelen reicht. Lehrer stärken ihre Schüler, indem sie ihnen helfen, negative Muster zu verlernen, durch die sie bisher gefesselt waren, und indem sie ihnen zeigen, wie sie sich für größere Möglichkeiten öffnen können.

Wenn du diese Karte erhältst: Es ist wichtig, dass du den Ruf, ein Lehrer zu sein, der an dich ergeht, auch wahrnimmst, denn darin liegt deine echte Bestimmung. Das kann ein formales Lehramt sein oder einfach darin bestehen, wie deine Lebensführung anderen als Vorbild nutzt. Als Lehrer bzw. Lehrerin bist du wie eine Quelle, die reichlich überfließt, um die Durstigen zu tränken. Du bist wie eine reife Frucht, die kurz davor steht, auf den Boden zu fallen, wo sie gegessen werden kann, um so einen neuen Zyklus des Lebens zu beginnen. Als Lehrer wirst du dazu aufgerufen, mit deinem eigenen inneren Feuer zu brennen, um ein strahlend helles Licht zu erzeugen; dem musst du gehorchen und dabei das Holz deines Geistes und deines Herzens brennen lassen. Deine tiefste Hoffnung ist, dass es anderen warm wird, dass sie sich wohl fühlen und dass eine Kameradschaft unter ihnen entsteht, während ihnen das Licht leuchtet. Du weißt, dass du am Besten bist, wenn dein „du" verschwindet und der innere Lehrer auftaucht, um den Weg zu zeigen und nach Hause zu führen.

Liebhaber

Der Liebhaber oder Liebende hat die Grenze seines eigenen Geistes hinter sich gelassen und sich ganz dem hingegeben, den er (bzw. sie) liebt. Dieser Archetyp hat Herz und Geist gegeben und wird durch das Denken an den Geliebten oder die Geliebte erhoben, und umso mehr durch dessen oder deren Gegenwart. Der Liebhaber denkt an die Geliebte und das hebt ihn zum großen Geliebten hinauf. Der Liebhaber wird aus seinem normalen Bewusstsein „gefegt" und an die Tore des Himmels getragen – aufgrund seiner Sehnsucht, den anderen Menschen so vollständig zu lieben, dass die Unterschiede in ihrer Kommunion aufgelöst werden. Wenn wir uns als LiebhaberInnen mit unserem geliebten Menschen verbinden, dann öffnen wir uns durch Ebenbürtigkeit, Gnade und mystische Vereinigung sozusagen horizontal für diesen Menschen und vertikal für das Göttliche. Wenn sich der Liebende auf diese Weise ganz hingibt, dann kann er die Schönheit des geliebten Menschen ebenfalls empfangen, weil er den Partner bzw. die Partnerin nur mit Augen der Liebe anschaut. Liebende wünschen nur Liebe. Solche Menschen interessieren sich nicht dafür, vom anderen etwas zu nehmen oder zu besitzen; sie wollen die geliebte Person nur mit ihrer Liebe erfüllen. Der Liebende ist einer der fröhlichsten Archetypen. Durch seine Gabe, einen anderen wahrhaft tief zu lieben, kann er schon hier auf der Erde einen Vorgeschmack des Himmels erlangen.

Wenn du diese Karte erhältst: Einer der freudvollsten Archetypen steht dir zur Verfügung. Wenn du ihn erkennst und annimmst, wächst seine Kraft in dir und erfüllt dich. Als Liebender bzw. Liebende hast du gelernt, den Wunsch nach „bekommen" oder „nehmen" aufzugeben, da diese Einstellung nur die Bedürfnisse vermehrt und zu Verletzung, gebrochenem Herzen und weiterer Bindung führt. Als Liebender gibst du dich und deine Liebe voller Freude. Es gibt keinen Zwang und keine Aufforderung dazu, sondern es existiert nur eine leidenschaftliche und energetische innige Verbindung mit dem bzw. der Geliebten. Diese Art des Gebens öffnet eine neue Ebene der Wahrnehmung, höhere Ebenen der Bewusstheit und sogar Vision. Wenn du dich selbst vollständig gibst, öffnest du dich für natürliche Zustände von Segen, Ekstase und Verzückung. Der Archetyp des Liebenden führt dich ganz natürlich zu wahrer Liebe und zu immer höheren Ebenen von wahrer Liebe auch in deiner Beziehung. Der Liebhaber ist wie ein Magnet, der unwiderstehlich deinen wahren Partner bzw. Partnerin herbeiruft, wo er oder sie auch sein mag. Dieser Archetyp zieht euch beide über bestehende Trennwände hinaus und bereitet euch neue Ebenen des Miteinanders, in dem ihr beide eingeschlossen seid. Da ihr euch so sehr liebt, öffnet das die Tür, um den Großen Geliebten zu erfahren, Gott.

Magus

Magus bedeutet im Lateinischen „Magier"*. Der Magus lebt an den kreativen Grenzen; er balanciert mit den Kräften von Liebe, Wahrheit und Erfolg. So bringt er neue Abenteuer und originäre Ideen in die Welt. Der Magus ist intuitiv, inspiriert und visionär. Das können Künstler sein, Erfinder, Politiker, Wissenschaftler, Geschäftsleute oder Heiler. Immer aber spielen sie das Leben auf der Ebene ihres „besten Selbst", setzen sich voll ein und geben sich ganz in dem, was sie tun. Es sind moderne Schamanen, die Jedi-Ritter der heutigen Zeit. Ein Magus führt ein leidenschaftliches Leben und gibt sich selbst, um der Welt zu helfen. Das Schicksal der Welt webt sich um diese Menschen herum, wie bei allen Visionären, und sie können der Welt helfen, einen Sprung vorwärts zu machen, in welchem Bereich sie sich auch einbringen. Sie haben eine Zuversicht, die anderen zu mangeln scheint, und sie stellen sich rasch gegen das Böse, wo sie es finden. Aber vor allem sind sie Baumeister, welche die Welt zu einem besseren Ort machen. Sie haben außergewöhnliche Beziehungen und sie öffnen sich für den kreativen Sog, der durch sie geht, um eine bessere Welt zu bauen.

Wenn du diese Karte erhältst: Du hast bereits oder bist gerade dabei, eine Ebene von Macht und Leidenschaft in dir zu erreichen, die du der Menschheit widmest. Mit deinem ganzen Herzen möchtest du einen besseren Weg finden und du hast dein Leben diesem Ziel verschrieben, gleich, was du in der Welt tust. Ob du hoffst, etwas zur Verbesserung beizutragen, indem du dich einem einzelnen Menschen zuwendest oder durch das, was du für alle erschaffst: Du wirst mit nicht weniger zufrieden sein, als dich ganz zu geben. Du fühlst dich dann am wohlsten, wenn du dich mit

---

* Ursprünglich stammt das Wort aus dem Persischen; dort bezeichnete es eine Volksgruppe, die sich besonders um religiöse Zeremonien kümmerte; es gibt auch die Bedeutung „Initiierter" für diesen Begriff.

ganzem Herzen dafür einsetzt, die Welt weiter aufzubauen. Dein Bewusstsein ist eine Verbindung höchster Kunst und größter Wissenschaft, und so lebst du im Geist und in der Transzendenz. Du hast das Herz eines Helden (bzw. einer Heldin) und die Liebe, die aus der Hingabe an die Erde und ihre Menschen entsteht.

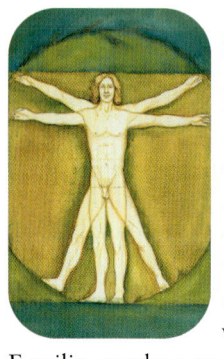

Mann

Der Mann ist der Archetyp des wahren Beschützers. Er ist der Jäger und Sammler, der die Familie und die Gemeinschaft durch seine Arbeit erhält. Er ist der Initiator, der Held und der Problemlöser. Seine Frau und seine Kinder und alle Frauen und Kinder der Gemeinschaft sind in seiner Obhut. Er findet den Weg vorwärts im Äußeren, als Führer nicht nur der Familie, sondern auch der Gemeinschaft als Ganzem. Dem Mann wird die Aufgabe übertragen, sich um das Äußere zu kümmern. Er ist ein Arbeiter und ein Baumeister. Er reckt sich nach den Sternen und greift nach dem Licht. Er hat die Obhut (nicht die Herrschaft) über die Erde erhalten. Er stellt eine Leidenschaft dar, die angeleitet werden muss, einen reißenden Strom, der kanalisiert werden muss, ein Herz, das verbunden werden muss. Ohne Verbindung und Anleitung ist er ein Verlangen, das Amok laufen kann, das nach Dominanz strebt und Ausnutzung, und er kann sich in der Wildnis verlieren. Sonst, wenn er fokussiert ist und geliebt wird, wird er zur Verkörperung von Humor, Edelmut und Geben.

Wenn du diese Karte erhältst: Du solltest deinen männlichen Archetyp annehmen. Wenn du eine Frau bist, hast du jetzt die Chance, die männlichen Eigenschaften zu stärken, die dich ausgleichen. Der Mann oder die Männer in deinem Leben, wie Vater, Brüder, Ehemann und Freunde, spiegeln das Beste wider, das in einem Mann steckt, wenn ihnen erlaubt wird, die Großzügigkeit ihres Geistes und die Bereitschaft zu zeigen, die Dinge zu verbessern. Die Stärke, der Mut und die Energie, die der Mann besitzt, um Pläne zu machen und Projekte zu beginnen und fortzuführen, sind deine! Humor, Kameradschaft und Freundschaft gehören dir. Die Bereitschaft, vorwärts zu gehen, um einen besseren Weg zu finden und etwas aufzubauen, werden dir als Geschenk deines eigenen Bewusstseins angeboten, als Gabe deiner männlichen Seite. Deine männliche Seite wird gebraucht und herbeigerufen, und du bekommst die Gelegenheit, die Gabe des Archetyps des Mannes anzunehmen und zu leben.

Mystiker/in

Der Mystiker ist der große Liebhaber, der Gnade vom Geliebten, von Gott, auf die Erde kanalisiert. Er erkennt die Illusion der Welt und möchte so viel Zeit wie möglich in der Kontemplation und der Erfahrung des Himmels verbringen. Das Himmelreich besteht aus Freude und dies ist das Reich des Mystikers bzw. der Mystikerin. Diese Menschen erkennen in Gott den Geliebten und den Freund. Die Nähe der Mystiker zu Gott bringt sie der Menschheit näher. Aufgrund ihrer Bewusstheit und Verbindung wird der Mystiker zu einer lebendigen Verkörperung des Lobpreises und des Gebetes der Schöpfung. Er beginnt damit, Lichtnetze zu weben, um die Distanzen zu überbrücken, die durch den Drang der Welt nach Trennung entstanden sind. Der Mystiker beginnt auf den Ebenen von Meisterschaft, geht dann weiter zur Erleuchtung, „schmeckt" etwas vom Sein, bis er bzw. sie in der Verwirklichung eine Erfahrung von Gott, Eins-Sein und den Großen Strahlen erlangt. Ein Mystiker bleibt zwar nicht dauerhaft in diesem Zustand, aber diese Erfahrungen verändern ihn oder sie für immer. Diese Menschen fangen dann an, sich der Aufgabe zu widmen, Einheit zu manifestieren. In der Einheit sehen Mystiker die Allverbundenheit aller Dinge. Der Mystiker bzw. die

Mystikerin entwickelt sich dann durch Stadien der Einheit weiter, in denen man Göttliche Liebe erfährt, mit einem Fuß im Himmel und dem anderen in dieser Welt, bis er oder sie volle Verwirklichung von Eins-Sein und Ewigkeit erlangt. Von dem Zeitpunkt der ersten Erfahrung anderen Welten an beginnt der Mystiker mehr und mehr, ein Leben der Gnade und Anmut zu führen.

Wenn du diese Karte erhältst: Öffne dich für einen Archetyp einer sehr hohen Ebene. Wenn du dich für ein solches Leben der Gnade öffnest, fangen die große Illusion und die Neigung zu Trennung an wegzufallen, und das erlaubt dir Erfahrungen der inneren Herzensverbindung, die von Liebe und Schönheit erfüllt sind. Als Mystiker oder Mystikerin vollbringst du eine der wichtigsten Arbeiten, indem du die Welt und ihr Leiden heilst. Du weißt, dass Gottes Antwort für jedes Problem in dieser Wahrheit liegt: „Du bist mein geliebtes Kind und du verdienst alles nur erdenklich Gute." Mystiker helfen, den Himmel auf die Erde zu bringen. Das tun sie im Wesentlichen, indem sie sich weniger auf sich selbst und ihr Ego ausrichten und stattdessen mehr auf den Himmel. Der Mystiker hat das radikal Weibliche angenommen und ist völlig empfänglich geworden. Das ist es, wovon Jesus gesprochen hat, als er sagte, dass wir wieder wie kleine Kinder werden müssten, um in das Himmelreich zu gelangen. Damit werden wir sorgenlos und gewinnen wieder echte Lebensfreude.

Nymphe

Die Nymphe hat die Unschuld eines jungen Mädchens und den Körper einer erwachsenen Frau. Viele Dinge an der Nymphe sind unwiderstehlich attraktiv, wie ihre Offenheit, ihre Unschuld und ihre Schönheit. Sie ist ganz natürlich und fühlt sich nackt genauso wohl wie mit Kleidung, obwohl sie lieber unbekleidet ist. Eine Frau, die den Archetyp der Nymphe hat, wird sich immer eine gewisse Jugendlichkeit und einen reizenden Appeal bewahren, gleich wie alt sie ist. Eine Nymphe inspiriert und sie nährt ihre Umgebung, indem sie einen der klassischen Aspekte des Weiblichen zeigt und gibt. Jene, die nach der Nymphe dürsten und ihr wollüstig nachstellen, versuchen etwas an sich zu reißen; sie werden jedoch niemals empfangen und genießen. Andere lassen sich von der sichtbaren Schönheit und der zärtlichen Ausstrahlung der Nymphe berühren und werden gesegnet. Ein Mann mit diesem Archetyp liebt das Weibliche und weiß Schönheit zu schätzen. Er wird in seinem Leben mit Schönheit und Sexualität gesegnet sein.

Wenn du diese Karte erhältst: Es ist Zeit, dass du dich für deine innere Nymphe öffnest. Durch den Archetyp der Nymphe wird dein Leben auf natürliche Weise mit Jugendlichkeit, Attraktivität und Lebendigkeit gesegnet. Eine leichte, spielerische Lebenseinstellung und sorglose Unschuld erfrischen alle um dich herum. Die Nymphe ist die weibliche Essenz des Frühlings, und ihr Körper bringt den süßen Segen und die zärtliche Zuwendung der Schönheit. Die Nymphe ist die Verkörperung der weiblichen Sexualität, ohne dabei lüstern oder auch nur sexy zu sein. Die Nymphe genießt herzhaften Humor. Nymphen können extrovertiert oder introvertiert sein, es können intuitive oder sinnliche Typen sein, aber sie werden immer mehr fühlen als denken und mehr wahrnehmen als beurteilen. Menschen mit der Nymphe in sich bringen immer eine erstaunliche Energie zum Ausdruck und das Leben sprießt nur so aus ihnen hervor; sie bringen die Prägnanz eines frischen Blumenstraußes mit sich. Sie sind wie ein sichtbarer Duft, ein kinästhetisches Konzert, und sie bringen die Energie der Göttin auf die Erde.

Optimist

Das ist der Archetyp des wahrhaft positiven Denkers. Optimisten sind nicht naiv, sondern sie erkennen einfach, dass es einen besseren Weg geben muss. Mit Selbstvertrauen, Sicherheit und Entschlusskraft, einen neuen Weg zu finden, bringen Optimisten Hoffnung. Sie sind Übermittler von Licht, die sich weigern, das Licht verlöschen zu lassen, gleich, wie dunkel die Umstände aussehen mögen. Sie sind Strahlen, welche den Weg zeigen. Aufgrund ihrer Hingabe an einen besseren Weg, denken sie in Möglichkeiten. Sie betrachten die Dinge von der höchstmöglichen Perspektive aus. Optimisten leugnen nicht, was ist; sie wissen einfach, dass nach jeder Nacht ein neuer Tag anbricht und dass über allen Wolken die Sonne scheint. In der Folge können sie das, was wie eine Niederlage aussieht, in eine Lernlektion und auch in einen Vorteil verwandeln. Optimisten entwickeln ihre Sichtweise weiter, bis sie schließlich sich selbst und andere als Spirit auf einer Reise erkennen und lernen, sich an ihr wahres Wesen zu erinnern und Eins-Sein zu verwirklichen.

Wenn du diese Karte erhältst: Dein Geist schenkt dir eine anhaltend positive Sichtweise. Wenn du den Archetyp des Optimisten heute annimmst, öffnet sich dein Bewusstsein für neue Möglichkeiten. Du wirst offen für innere Führung. Weil du inspiriert wirst, inspirierst du andere. Du weißt, dass es immer, gleich wie die Dinge aussehen, einen besseren Weg geben muss. Mit der sicheren Überzeugtheit des Optimisten kannst du die Person sein, welche diesen Weg findet. Sei heute der Optimist, die Optimistin! Finde den Weg. Du hast hochgestellte Freunde (im Himmel!). Verlass dich auf ihre Hilfe. Es gibt einen besseren Weg und du wirst dazu beitragen, dass ein neuer Tag anbricht.

Paladin

Paladine sind spirituelle Krieger, die gegen Ungerechtigkeit kämpfen. Sie sind robust, stark und treu. Sie kämpfen nur, wenn sie es wirklich müssen, denn sie führen ein Leben der Reinheit. Sie haben ihr Leben Gott und Spirit gewidmet und ihre Handlungen werden von Liebe geleitet. Sie haben den Krieger-Archetyp auf eine neue Ebene der Spiritualität gehoben. Sie sind Beschützer der Schwachen und Freund der Unterdrückten. Sie führen ein inspiriertes Leben und setzen sich ganz für die Förderung und Verbesserung des Lebens ein. Als Folge lernen sie immer mehr und entwickeln sich immer weiter. Der Paladin hat die Stärke von zehn, weil sein bzw. ihr Herz rein ist, und er oder sie versammelt andere im Kampf für das Gute um sich. Sie tragen ein helles Licht und sie führen auf dem Weg vorwärts, so dass andere ihnen folgen können.

Wenn du diese Karte erhältst: Ein wunderschöner, sternengleicher Aspekt ist in dir gegenwärtig oder wird bald auftauchen. Der Archetyp des Paladins bringt visionäre Gaben, die einen Großteil dessen definieren, was deine Lebensaufgabe ist. Du erkennst, dass das Gute die letzte und höchste Wirklichkeit ist und dass das Böse eine Verirrung ist, die aus tiefster Ignoranz und Auflehnung entsteht. Du bist der ganzen Erde ein guter Freund. Du lebst jenseits normaler Grenzen und setzt dich immer wieder für andere ein. Du bist ein Leuchtfeuer, ein Symbol all dessen, was gut ist. Du inspirierst andere, für die Wahrheit zu leben. Du bist hingebungsvoll, entschlossen und selbstlos. Die Menschen lieben dich für das, was du bist und wofür du stehst.

Pionier

Ein Pionier ist jemand, der innere und äußere Horizonte anschaut und sich fragt, was wohl hinter ihnen liegt. Ein Pionier (bzw. eine Pionierin) hat „Reisefüße" und einen „Reisegeist". Diese Menschen möchten einen besseren Platz finden, eine bessere Methode. Das einzige, was in ihrem Leben Bestand hat, ist der Wandel. Sie spüren eine tiefe Liebe zu Veränderungen. Tief innen wissen sie, dass Fallen und Beschränkungen nur Illusionen sind. Pioniere wissen ihre Möglichkeiten einzusetzen und sie sind inspiriert und kreativ. Sie sehnen sich danach, einen neuen Weg vorwärts zu finden, und es ist am Ende ihr Verlangen heimzufinden, was sie antreibt. Pioniere verzichten auf Bequemlichkeit, weil sie etwas Neues entdecken wollen. Sie sind weit offen und voller Einsatzbereitschaft. Es sind Anführer, Scouts und Forschungsreisende. Sie haben gelernt, die Zeichen richtig zu lesen – sowohl innere wie äußere – die den Weg vorwärts anzeigen. Sie sind dazu aufgerufen, andere zu führen, und sie finden entlang des Weges Gefährten, obwohl sie auch allein weitergehen würden, weil ihr Wunsch, den Weg über den nächsten Berg zu finden, so stark und unerschütterlich ist.

Wenn du diese Karte erhältst: Öffne dich für den Archetyp des Pioniers. Er (bzw. sie) ist ein Teil von dir und deine Bestimmung. Der Himmel und deine eigene Seele geben dir ein Zeichen: Finde den neuen Weg! Höre nach innen. Beachte die Zeichen um dich herum. Lass kein Signal verstreichen, ohne dass du es auf Hinweise überprüfst, die dir den Weg vorwärts zeigen könnten. Wisse, dass du, während du dich selbst auf völlig neuen Ebenen sozusagen neu gebierst, damit für alle neue Wege öffnest. In deiner Entscheidung, dich neu zu entdecken, suchst du nach immer neuen Wegen und achtest auf mögliche Fallen, um dich selbst und die dir Anvertrauten sicher vorwärts zu geleiten. Wenn ein neuer Tag anbricht, wachst du mit dem Gedanken auf, einen neuen Weg zu finden. Du gehst die Wege ab und erstellst Landkarten. Du brichst dir eine neue Bahn, welche die Menschen aus der Wildnis in die Sicherheit führt. Du bist der Pfadfinder, ein lebendiger Weg nach vorn. Du bist ein Leuchtturm in einer stürmischen Nacht und ein Lichtstrahl an der Kreuzung, der den rechten Weg weist. Dein Herz singt, während es nach dem Weg vorwärts sucht, nach dem besseren Weg, nach dem Weg heim.

Puer Aeternus

Der Puer Aeternus ist der Archetyp des ewigen Jungen. Der lateinische Begriff bezeichnet wörtlich den „ewig jungen Buben". Die Gegenwart dieses Archetyps in uns oder in unserer Umgebung energetisiert und erfrischt uns. Wir werden vom Leben inspiriert und wir besitzen genug Energie, um alles zu unternehmen, was uns reizt. Wir fließen über vor Schwung und Lebenskraft. Unser Elan für das Leben elektrisiert unsere Umwelt. Unsere jugendliche Kraft und jungenhafter Charme lassen die Menschen in unserer Umwelt offener für die Segnungen des Lebens werden. Der Puer Aeternus gibt die Energie, Projekte anzupacken, die andere nicht einmal ansehen würden. Dieser Archetyp bringt grenzenlose und spielerische Leichtigkeit und Begeisterung. Menschen, die diesen Archetyp haben, strahlen reinen Überschwang und vitale Kraft aus. Wenn wir die Energie und unbeschwerte Jugendlichkeit dieses Archetyps annehmen, dann regeneriert er unsere Unschuld und Lebendigkeit und erweckt den Lebensfluss in anderen. Das heilt sie und stellt sie wieder her.

Wenn du diese Karte erhältst: Du bist mit der Gabe gesegnet, andere in den Bereichen zu erwecken, in denen sie schlummern. Deine jugendliche Großherzigkeit und Weite bringt eine erfrischende Lebendigkeit zu Menschen und in Situationen, die in lebloser Routine feststecken. Nimm deinen Archetyp an und bringe der sorgenvollen, müden Welt das Leben zurück. Du bist inspiriert und du kannst andere inspirieren, und du bist so voller Esprit, dass du andere wieder auflädst, wenn sie sich aufgrund von Stress und Angst alt und ausgelaugt fühlen, gleich, wie alt sie wirklich sind. Lass die universelle Inspiration sich heute durch dich ergießen, wie sie auch gebraucht wird. Erlaube der Energie des Puer Aeternus, dich zu erfüllen und jugendliche Erneuerung in deine Umgebung zu bringen.

Sankt Nikolaus

Diesen Archetyp kennt man in den verschiedenen Ländern unter verschiedenen Namen: *Kris Kringle, Father Christmas, Väterchen Frost, Santa Claus*, Weihnachtsmann, und so fort. Ein Sankt Nikolaus bringt den Jungen und Mädchen am 6. Dezember kleinere Geschenke, die er in vorbereitete Schuhe oder Strümpfe steckt, und am Heiligabend (oder am ersten Weihnachtstag in manchen Ländern) größere Geschenke. Als Archetyp repräsentiert Sankt Nikolaus den großen Geber. Er ist seinem Wesen nach großzügig und offenherzig. Er macht eine Situation erfolgreich, indem er gibt. Er ist anderen eine Inspiration aufgrund seiner großherzigen Natur. Er findet auch in schwierigen Situationen einen Weg, weil er so sehr danach verlangt, viel zu geben. Er ist gutmütig, fröhlich und guter Dinge. Sankt Nikolaus ist großzügig im Hinblick auf Beziehungen, die Familie und die Welt im Allgemeinen. Aufgrund der Wärme und Freundlichkeit dieses Archetyps sind die, die ihn verwirklichen, sowohl attraktiv als auch liebenswert.

Wenn du diese Karte erhältst: Akzeptiere die Gaben aus hohen Ebenen deines Archetyps; du wirst feststellen, dass dir Geben ganz leicht fällt, wie deine zweite Natur. Du fühlst dich unter Umständen sogar eher etwas unwohl, wenn du in bestimmten Situationen nicht alles geben kannst, was du möchtest. Dein Wunsch, jeden durch dein Geben glücklich zu machen, macht dich zu jedermanns Freund. Mit diesem Archetyp findest du immer wieder neue Möglichkeiten, wie du Menschen durch Geben überraschen und entzücken kannst. Du bist einfühlsam und mitfühlend und dein Geben hilft dir, deine Liebe für die Menschen auf eine Weise auszudrücken, die sie stärkt und glücklich macht. Die Gestalt des Sankt Nikolaus bzw. die des Weihnachtsmanns wird hoch geschätzt und Menschen mit diesem Archetyp steigen in einer Gruppe meistens in eine zentrale Position auf. Nimm heute diesen Archetyp an und genieße es aus ganzem Herzen, den Menschen zu geben, die um dich herum sind.

Schamane

Der Schamane ist der Medizinmann oder die Medizinfrau des Stammes. Das sind mediale Menschen, Heiler und Visionäre. Historisch betrachtet haben die psychischen und medialen Künste geholfen, Menschen anzuleiten, und Medien üben diese Funktion noch heute in verschiedenen Gesellschaften aus. Schamanen waren Heiler, denen es oblag, sich um die Gesundheit ihres Volkes zu kümmern. Sie waren auch Visionäre und, als Berater des Häuptlings, damit betraut, den Stamm anzuleiten. Schamanen kämpften gegen Dämonen, die den Stamm heimsuchten, und sie wandten Magie und geistige Kräfte an, um ihrem Volk Nutzen zu bringen. Sie waren Bewusstseinsforscher, welche die Tiefen initiatorischer Macht und Mysteriums ausloteten. Sie kannten das Reich der Geister und nutzten Tiere oder Totems, um sich bei ihrer Arbeit zu helfen. Die Schamanen waren im Unbewussten zuhause und sie nutzten dessen ursprünglicheren Geist als ein Bindeglied und als eine Kraft, um den ihnen anvertrauten Menschen zu helfen. Schamanen erkannten, dass die wahrgenommene Welt etwas Fließendes ist und nichts Festes, und dass sie deshalb beeinflusst und verändert werden konnte.

Wenn du diese Karte erhältst: Du bist dazu aufgerufen zu erkennen, dass andere in deine Obhut gestellt worden sind. Das entspricht einer Funktion deiner Seele, die aus einem echten Wunsch heraus anderen helfen wollte. Wisse, dass dir ein höheres Bewusstsein, große Macht und Gaben von der Seelenebene zur Verfügung stehen, wenn du sie brauchst. Der Archetyp des Schamanen ist ein notwendiger Schritt auf deinem Weg zurück in die Einheit. Wenn du das Unbewusste annimmst, wirst du es nicht mehr länger als bedrohlich, sondern als aufregend empfinden, und das erlaubt dir, riesige Schritte vorwärts zu machen, um die Macht von Wundern wieder zurückzugewinnen, die nicht von deiner eigenen schamanischen Kraft abhängt, sondern von Gnade. Die Angst der Gesellschaft vor dem Unbewussten hält diese Gaben verschlossen, sie leugnet sie sogar. Das ist eine Konsequenz aus der Angst der Gesellschaft nicht nur vor dem Unbewussten, sondern auch vor Spirit und dem Willen Gottes. Schamanen haben heute in der Gesellschaft eine bedeutende Funktion als Heiler und Wegweiser, die Individuen und Gemeinschaften helfen, eine neue Balance zu finden. Nimm diesen Archetyp an und Gnade, Wunder und Heilung werden sich durch dich ergießen.

Star

Ein Star ist jemand, der so hell strahlt, dass sich alle Augen auf ihn oder sie richten. Der Star besitzt Charisma und bezaubert damit seine Umwelt. Sie ist in seinem bzw. ihrem Bann und wird von der Kreativität des Stars überwältigt. Ob Stars nun im Sport, in der Wirtschaft oder in der Unterhaltung auftreten, stehen sie doch immer an erster Stelle und bringen Licht auf einen wahren Weg, der durch die Dunkelheit führt. Stars gehen immer wieder über sich selbst hinaus. Sie brennen in ihrem eigenen überströmenden Licht. Ihr Zweck ist nicht, der Selbstbeweihräucherung halber zu strahlen oder weil sie süchtig nach dem Rampenlicht sind, noch dass sie glauben, sie wären etwas Besonderes. Stars zeigen vielmehr, was man erreichen kann und wie jeder Mann und jede Frau über ihre Grenzen hinausgehen können, wenn sie ihre Gaben und Talente entwickeln und einsetzen. Stars leuchten so hell, dass sie uns den Weg nach Hause zeigen können. Stars inspirieren uns, sie öffnen Herz und Geist der Menschen um sie herum und erfüllen sie mit Möglichkeiten. Wenn wir uns mit dem Star identifizieren und ihn bzw. sie annehmen, dann bedeutet das, dass wir lernen, über Grenzen hinauszugehen und heroisch zu leben.

Wenn du diese Karte erhältst: Du besitzt alle notwendigen Elemente, um in deinem eigenen Leben ein Star zu sein, besonders in einem bestimmten Bereich deines Lebens. Das Licht, das durch dich strahlt, wenn du dich ganz gibst, wird zum Segen für die Menschen in deiner Nähe. Ein Star zu sein ist Teil deiner Bestimmung. Als Star ist es deine Aufgabe, auf dem Weg voran zu führen. Als Star bist du vorgetreten und hast dich ganz eingesetzt. Als Star öffnest du die Transzendenz so sehr, dass du zu einem Vorbild wirst für jene, die ebensolche Höhen anstreben. Es ist Zeit, dich selbst als Star anzunehmen, damit du mehr zu dem wirst, als der du hierher gekommen bist und wer du sein sollst, um das zu schaffen, was du dir vorgenommen hast. Dass du dich auf so schöne und kunstvolle Weise geben kannst, macht dich glücklich. Als Star symbolisierst du etwas Größeres als nur dich selbst. Du hast deine Größe angenommen und verzichtest darauf, dich weiterhin zu verstecken. Dein Licht macht die Welt zu einem besseren Ort.

Tantrika

Die Tantrika ist der Archetyp der wahren weiblichen Seite, wo Sexualität zu einem spirituellen Weg geworden ist. Nackt und schön geht sie den Weg der Liebe. Sie weiß, dass Sex nichts mit dem Körper zu tun hat; er ist nur das Instrument, mit dessen Hilfe Liebe ausgetauscht werden kann. Die Tantrika verbindet sich energetisch auf den Ebenen von Herz, Geist und Seele. Wenn sich diese Kommunikationsebenen entwickeln, entsteht eine so tiefe Liebe, das daraus eine echte Kommunion wird und man in Stadien der Ekstase emporgehoben wird. Das Endziel ist, eine innige Verbindung zu erreichen, die so vollständig ist, dass darin ein heiliger Augenblick, eine Öffnung zur Ewigkeit entsteht. Dies ist eine Erfahrung von Einheit des Geistes, die tiefreichende Erfüllung und Freude mit sich bringt. Was als Austausch von Energie beginnt, setzt sich über die Grenzen des Körpers fort und geht in Erfahrungen von Licht über, schließlich in Selbstverwirklichung. Die Tantrika versucht nie, sich etwas anzueignen, und strebt auch nicht einfach nach Genuss. Sie weiß, dass die einzig dauerhafte Freude aus der Verbindung der Herzensbegegnung kommt, des „Joinings", und dass die Erfahrung der Freude sich mit der Entwicklung dieser innigen Beziehung noch vertieft, bis Sexualität nicht mehr einem Bedürfnis nach Befriedigung entspringt, sondern dem Wunsch, etwas miteinander zu teilen. Eine Verbindung wird aufgebaut, Ganzheit wird zu Heiligkeit, und Gnade kann tief in uns einfließen.

Wenn du diese Karte erhältst: Deine Erfahrung von Sexualität wird sich auf einer völlig neuen Ebene entwickeln. Das erlebst du vielleicht im Inneren, mit einem Partner bzw. einer Partnerin, oder durch eine Person, die dieser Archetyp für dich verkörpert. Wie er sich auch zeigen mag: dieser Archetyp ist ein Segen und ein Schritt vorwärts auf dem spirituellen Weg der innigen Verbindung, auf dem es beim Leben mehr und mehr darum geht, wie du in Beziehungen zu anderen stehst. Deine Fähigkeit, dich selbst zu geben, wird zunehmen, wenn du dich hingibst und dich für all die Liebe öffnest, die dir immer gegeben wird. Nimm deinen Archetyp der Tantrika an und segne die Welt mit deiner heilenden Energie. Das wird die Illusion der Trennung noch stärker auflösen, und das ist ein Teil deiner Lebensaufgabe in der Welt.

Verbündeter

Der Archetyp des Verbündeten ist jemand, der anderen zu Hilfe eilt, besonders, wenn sie darauf dringend angewiesen sind. Es kann sein, dass der Verbündete uns beisteht oder dass wir den „Alliierten" verkörpern und anderen helfen und uns mit ihm so verbinden, dass eine neue Stärke entsteht. Wenn wir eine gemeinsame einige Front bilden, wird mehr Macht erzeugt. Das kann eine heilende Wirkung für unser Bemühen haben, mehr Sicherheit zu erschaffen und auf eine neue Ebene von Erfolg zu gelangen. Die bekannte Aussage, „Ein Freund in der Not ist ein echter Freund" spricht die Unterstützung an, die ein Mensch einem anderen gibt, der sich in einer Notsituation befindet. Unsere Fähigkeit zur echten Partnerschaft bringt nicht nur uns und unsere Verbündeten vorwärts, sondern bewegt die gesamte Situation in eine gute Richtung. Verbündete geben uns Hoffnung. Sie halten uns den Rücken frei. Sie haben nichts dagegen, wenn sie uns um der Wahrheit willen widersprechen, aber sie setzen sich immer dafür ein, unterschiedliche Interessen und Meinungsverschiedenheiten so zu überbrücken, dass Einheit entsteht.

Wenn du diese Karte erhältst: Erkenne diesen machtvollen Archetyp in dir selbst. Mit wem sollst du dich heute verbünden? Gleich, wer es sein mag: es wird euch beiden gut tun, euch als Partner zu verbünden. Tausche dich mit ihm oder ihr darüber aus, das stärkt die eigene Kraft und führt dazu, dass ihr Ergänzungen findet. Deine Ressourcen füllen die Lücke aus, wo beim anderen ein Mangel besteht. Deine Inspiration dient euch beiden. Umgekehrt verhält sich vielleicht jemand als Verbündeter dir gegenüber und gibt dir genau das, was du für deinen Erfolg brauchst. Wenn du den Archetyp des Verbündeten akzeptierst und selbst dazu wirst, kannst du erkennen, dass der Himmel dein Verbündeter ist. Wenn du einen Mangel spürst oder Hilfe brauchst, wisse, dass der Himmel immer als dein Alliierter bereit steht. Wie bei den meisten Archetypen brauchst du nur seine Präsenz zu erkennen, um seine Kraft anzurufen und zu manifestieren. Wenn du das tust, öffnest du dich für die großartige spirituelle Macht, die dich umgibt.

Versorger/in

Der Versorger ist ein Archetyp, der weit zurückreicht in die Zeit der Jäger und Sammler. Versorger sind zuverlässig und sie wissen sich zu helfen. Sie finden immer eine Möglichkeit, um das herbeizuschaffen, was gebraucht wird. Sie haben Glück und die innere Einstellung, die notwendig ist, um empfangen zu können. Sie fühlen sich beschenkt und wissen, dass der Himmel großzügig alle ihre Bedürfnisse stillt. So sind sie umgekehrt ebenfalls großzügig zu ihrer Umwelt und sie erleben Freude in ihrem Geben. Sie haben ein Gespür dafür, genau zu wissen, was in einer Situation gebraucht wird. Sie fühlen sich erfüllt, wenn sie andere erfüllen, und alles, was sie haben, gewinnt an Wert, wenn sie es mit einem anderen teilen. Versorger bringen Erfolg, Fluss und Teamgeist in jede Situation mit hinein. Man heißt sie in einer Gruppe oder einem Umstand als wertvolle Ergänzung willkommen, aufgrund ihrer Gaben, die sie geben und weil sie sind, wer sie sind.

Wenn du diese Karte erhältst: Du hast eines der Geheimnisse für ein glückliches Leben: auf eine Weise zu geben, die deiner Umwelt hilft und die das vervielfacht, was du mit anderen teilst. Dein Teilen und Geben öffnet dich dafür, sogar noch mehr zu empfangen. Als Versorger bzw. Versorgerin bist du ein Botschafter Gottes auf der Erde. Du findest immer Mittel und Wege, weil du weißt, dass die höchste Quelle letztlich dein „Lieferant" ist. Selbst wenn die Zeiten schwer sind, besitzt du die bemerkenswerte Fähigkeit, das zu beschaffen, was notwendig ist. Du bist gastfrei und hast eine untrügliche Intuition zu erfassen, wenn jemand wirklich etwas braucht, auch dann, wenn dieses Bedürfnis unausgesprochen bleibt. Der Himmel stärkt dir den Rücken. Die Menschen heißen dich willkommen und du genießt deine Funktion eines Versorgers sehr. Jeder Archetyp, den du annimmst, wird zu einem natürlichen Teil deiner Bestimmung, die du hier auf der Erde erfüllen sollst.

Schatten

Außenseiter/in

Der Außenseiter ist die Schattenfigur der Person, die nicht zur Gruppe gehört. Das kann sich in Gestalt des einsamen Fremden zeigen oder dessen, der als Letzter in eine Sportmannschaft gewählt wird. Diese Menschen werden irgendwie am ehesten ins Exil geschickt, abgewiesen oder herausgedrängt. Der Außenseiter ist derjenige, auf dem die Gruppe am meisten herumtrampelt. Entweder sieht man ihn als gefährlich an oder als schwach, oder man macht ihn oder sie zum Sündenbock. Die Gruppe macht ein Mitglied zum Paria in der Hoffnung, dadurch selbst stärker und besser zu werden; womit man selbst nichts zu tun haben will, das schließt man aus. Wenn sich eine Gruppe in einem Machtkampf befindet, wenden sich ihre Mitglieder gemäß der Hackordnung zunächst dem zu, der ganz unten steht, und attackieren ihn bzw. sie emotional und manchmal sogar physisch. Das sagt etwas über das Glaubensmuster des Egos, dass es meint, sich von etwas distanzieren zu können, was es nicht mag, indem es diese Sache nach außen projiziert. Und dazu gehört dann auch, dass wir andere Menschen bewerten und sie wegstoßen, als ob ihre Eigenschaften mit uns gar nichts zu tun hätten. Und doch kann keiner ausgeschlossen werden, wenn er oder sie nicht tief im eigenen Inneren das auch will. Wenn man von anderen als gefährlich oder unterlegen angesehen wird, so passt das zum Bedürfnis des Egos, sich selbst zu attackieren und niederzumachen.

Wenn du diese Karte erhältst: Schau dir den Teil in dir an, der andere verlässt und dann selbst verlassen wird. Das hat seine Wurzeln in deiner ursprünglichen Erfahrung, den Himmel zu verlassen, die Erfahrung von Einheit. Du hattest auf Gott projiziert, dass Er dich hinausgeworfen hätte, während in Wahrheit du selbst dich entschieden hattest zu gehen. Das Ego beurteilt und projiziert, um seine eigenen Überlegenheit zu dokumentieren – Gott tut das nicht. Wenn du diese Karte erhalten hast, hast du dich auf irgendeiner

Ebene entschlossen, dich von etwas abzuwenden oder abwesend zu sein. Es gibt eine versteckte Trennwand zwischen dir und den Menschen, die du liebst. Der Außenseiter kann ein unbewusstes Muster sein, ein Seelenmuster, das sich als Teil eines Familienmusters zeigt. Der Außenseiter nimmt oft die Rolle des verlorenen Kindes oder des Waisen in der Familie an. Solche Menschen verlassen die Familie, machen sich selbst zu Waisen oder werden zum Beispiel in ein Internat geschickt, alles nur, um die Familie zu retten. Jede Freude entsteht durch Liebe, Kreativität und dadurch, dass man seinen Lebenssinn erkennt und erfüllt. Der Außenseiter opfert all das aus irrtümlichen Gründen und was dann folgt, bietet einen Vorwand für ihn, sich selbst zu verstecken. Jetzt ist die Zeit gekommen, dass du alle deine Außenseiter-Schatten integrierst, damit du in Liebe, Erfolg und Führungsverantwortung voranschreiten kannst.

Betrüger/in

Der Betrüger-Schatten handelt auf unehrliche Weise und versucht, unfaire Vorteile zu ergattern, ohne die Folgen zu bedenken oder tragen zu wollen. Ob solche Leute im Geschäftsleben, in Beziehungen oder bei den Steuern betrügen: früher oder später werden ihre Handlungen Konsequenzen haben. Buddha sagte: „Karma heißt, dass du mit nichts einfach durchkommst." Der Betrüger sucht seine Vorteile zu Lasten anderer. Üblicherweise haben wir diesen negativen Aspekt unserer selbst abgespalten. Dieser Mangel an Integration zeigt einen Mangel an Integrität. Es kann keine Ganzheit geben, weil wir mit einem gespaltenen Geist immer in zwei entgegengesetzte Richtungen zugleich unterwegs sind. Mit dem Selbstbild des Betrügers bzw. der Betrügerin betrügen wir meistens in irgendeinem Bereich, auch wenn wir das vor uns oder anderen abstreiten. Die Leugnung weist auf die Tatsache hin, dass wir den Betrüger verdrängt haben und ihn nun kompensieren. Selbst wenn wir mit einer Kompensationsrolle korrekt handeln, werden wir dennoch tief im Inneren das Glaubensmuster tragen, dass wir ein Betrüger bzw. eine Betrügerin sind und uns selbst entsprechend behandeln. Wenn wir betrügen, dann öffnen wir uns damit auch dafür, von anderen betrogen zu werden, und selbstverständlich betrügen wir uns auch selbst aufgrund der Unfähigkeit, zu spüren und uns zu freuen. Schuldgefühle ziehen dann Selbstbestrafung nach sich.

Wenn du diese Karte erhältst: Du meinst, dass du in irgendeinem Bereich deines Lebens betrügst. Schau dich um und sieh, wie du das vielleicht in deinen Handlungen auch tust. Jede Bewusstseinsaufspaltung wird von der Präsenz einer Schattengestalt bewirkt und blockiert deine Fähigkeit zu empfangen, weil es eben ein Schatten ist. Der Betrüger erlaubt dir nur zu nehmen, nicht zu empfangen. Früher oder später führt Nehmen zu einem gebrochenen Herzen und zur Niederlage. Du glaubst vielleicht, dass du einfach nur etwas Kleines herausholst, aber jedes Mal, wenn du das tust, attackierst du dein eigenes Ehrgefühl und dein Selbstvertrauen. Andere greifst du dadurch an, dass du sie um etwas betrügst, und damit verringerst du auch den Wert dessen, was du bekommst. Was du auf betrügerische Weise bekommst, schätzt du in seinem Wert nicht richtig ein; nur Geben verleiht auch Wert! Wie alle anderen Schatten wird auch der Betrüger zu einem schweren Anker, den du hinter dir herschleppst, und der zugleich unsichtbare Mauern errichtet, die dich daran hindern, vorwärtszugehen. Wenn du betrügst, dann riskierst du, viel mehr zu verlieren als das, was du durch Betrug bekommst. Du könntest deinen Ruf verlieren, deine berufliche Grundlage, deine Beziehung, deine Familie oder deine Freiheit. Es ist Zeit, alle Schatten des Betrügers zu integrieren samt aller ihrer Kompensationsrollen und sie schließlich auch in dein höheres Bewusstsein zu integrieren. Das wird nicht nur einen neuen Aspekt von Ganzheit und Integrität mit sich bringen, sondern auch „Flow", also Lebensfluss erzeugen und deine Fähigkeit zu empfangen.

Boss

Der Schatten des Bosses betrifft jeden, der seine hierarchische Autorität missbraucht, um Untergebene zu schikanieren. Bosse können mental oder emotional unterdrücken. Sie haben sich in einem fiesen Autoritätskonflikt verstrickt, und so benehmen sie sich autoritär gegenüber denen, die unter ihnen stehen. Das passiert zwar meist am Arbeitsplatz, aber wir finden solche Schattengestalten auch in jeder Gruppe oder Organisation. Wenn wir einen Zusammenstoß mit jemandem haben, der über uns steht, und wir ihn oder sie als unerträglich empfinden, dann hat meistens ein Elternteil diesen Schatten ausagiert, als wir noch Kind waren. Wie bei allen Schatten können wir auch diesen auf andere Menschen projizieren, ihn tief verdrängen und ihn unter Kompensationen verstecken; oder wir agieren ihn selbst aus, oder wir vermischen mehrere dieser Verhaltensweisen. Wenn wir diesen Schatten haben, projizieren wir ihn fast immer auf Gott und klagen ihn aller möglichen Dinge halber an, die Gott seinem Wesen nach niemals hätte tun können. Unser Kampf gegen Gott ist ein Kampf gegen uns selbst im Hinblick darauf, was wir getan haben. Aber wie so viele unserer Schatten liegt er unter Schichten der Verleugnung vergraben und wird projiziert.

Wenn du diese Karte erhältst: Du solltest prüfen, ob du den Boss-Schatten nach draußen projiziert hast und falls ja, auf wie viele andere Leute. Indem du ihnen vergibst, vergibst du dir selbst, und umgekehrt. Besonders wichtig ist es, Gott zu vergeben, da dieser Akt den Kanal von Gnade und Wunder für dich öffnet. Der Autoritätskonflikt ist wirklich die Wurzel allen Übels; er ist einer der Faktoren bei jedem Problem. Wenn du den Autoritätskonflikt in irgendeinem deiner Probleme heilst, dann kannst du alle leicht auflösen. In *Ein Kurs in Wundern* heißt es, dass wir Millionen von Menschen helfen, wenn wir Gott vergeben. Du wirst dazu aufgerufen, den Autoritätskonflikt in dir selbst zu beenden. Er führt nicht nur zu Konkurrenzdenken und innerem Konflikt bei dir, sondern auch zu Schwierigkeiten mit anderen Menschen. Wenn du Ebenbürtigkeit mit anderen findest, gelangst du an einen Ort des Friedens in dir. Dann wird es keine Konkurrenz geben, wo es eine funktional begründete Hierarchie gibt und jemand der Boss sein muss; niemand muss dann unter Beweis stellen, dass er oder sie ganz besonders ist. Es ist Zeit, den Schatten des Bosses aufzulösen und eine neue Ebene der Partnerschaft zu erreichen, die ganz von selbst neue Ebenen der Intimität und des Erfolgs mit sich bringt.

Dieb/in

Der Dieb fühlt sich immer leer – er ist wie ein hungriger Geist, der nie satt wird. Egal, wie viel der Dieb nimmt: die Leere bleibt. Einfach zu nehmen heizt das Verlangen nach noch mehr an. Der Dieb ist nur vorübergehend befriedigt, wenn er etwas nimmt; er schaut sich sogleich nach neuen Beutezügen um. Dabei beutet er seine eigene Seele aus und sein Muster bewirkt, dass er sich selbst verzehrt. Dabei wird er dem Faktum gegenüber blind, dass seine Handlungen Rückwirkungen auslösen. Er hat sich selbst zu einem Objekt gemacht und hat sich genügend „weich geklopft", um selbst erbeutet zu werden. Er hat sein (bzw. ihr) Gespür von Wertlosigkeit vergrößert, das er (bzw. sie) dann kompensieren muss, um nicht der Todessehnsucht nachzugeben, die diesen Mangel an Selbstwert begleitet. Ob er dies nun ausagiert oder unterdrückt und verdrängt, der Dieb in uns frisst sich doch immer weiter vor. Ob unser Diebes-Schatten nun wie billiger Tand oder sehr glamourös aussieht, wir attackieren uns doch für dieses Selbstbild, das wir in uns tragen. Dieser Schatten gehört zu den häufigsten, die vorkommen, weil das Ego jedes Mal, wenn wir ein Stück Herzensbindung mit unseren Eltern verloren haben, behauptet hat, dass wir ihre Gaben gestohlen hätten. Der Schatten des Diebes blockiert Verzauberung und Meisterschaft.

Wenn du diese Karte erhältst: Du steckst in einem Teufelskreis von Bedürftigkeit-Habgier-An dich reißen. Je mehr du dir einfach nimmst, desto leerer fühlst du dich. Was du dir nimmst, verliert in Wahrheit seinen Wert für dich, und wenn du versuchst, etwas von anderen zu nehmen, dann werden sie alles daran setzen, dir aus dem Weg zu gehen. Dieser Schatten könnte bewirken, dass du von anderen entweder bewusst oder unbewusst nimmst. Er könnte auch dazu führen, dass jemand etwas von dir stiehlt, damit du dich auf diese Weise für deinen eigenen inneren Schatten bestrafen kannst. Der Dieb lebt in einer Welt des Mangels, des Verlustes, des Konkurrenzdenkens und hat noch nicht gelernt, dass der Schlüssel zur Fülle Geben ist. Der Dieb glaubt wirklich an Mangel, und deshalb ist es nur eine Frage der Zeit, dass er sich als arm empfindet und das Bedürfnis spürt, wieder zu stehlen. Die Schattengestalt des Diebes ist ein entscheidendes Hindernis dafür, dass du davon überzeugt bist, dass du Erfolg und Fülle verdienst. Jetzt ist es Zeit, den Dieb mit deinen Selbstbestrafungen und all den Kompensationen, die du um ihm herum aufgebaut hast, zu integrieren, damit du fühlst, wie viel du wirklich verdienst.

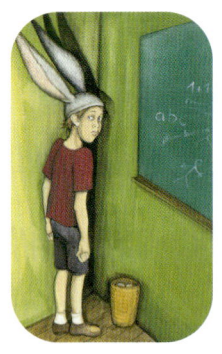

Dummkopf

Das ist vermutlich der häufigste aller Schatten. Dahinter steckt die ständige Kritik, die Menschen gegen sich selbst richten. Ein Schatten entsteht, weil wir auf uns selbst so sauer sind, dass wir einen Teil unserer selbst verurteilen, zurückweisen und verdrängen. Praktisch alles, was verdrängt wird, wird dann nach außen projiziert, auf andere und die Umwelt. Das macht es umso schwerer, diesen Schatten zu heilen. Wenn wir den Schatten des Dummkopfes haben, bedeutet es, dass wir uns selbst manches Mal abgelehnt haben, wenn wir irgendeinen dummen Fehler gemacht haben. Fehler können fast sofort korrigiert werden, aber wenn wir uns aufgrund unserer Fehler beurteilen und ablehnen, dann fühlen wir uns schuldig und machen daraus ein bestimmtes Selbstbild. Und dann bestrafen wir uns entweder selbst oder kompensieren dieses dunkle Selbstbild, indem wir uns selbst angreifen. Dieses Verhalten macht uns nicht etwa gescheiter, sondern stresst uns eher und bestärkt uns nur noch im Selbstbild, ein Dummkopf zu sein.

Wenn du diese Karte erhältst: Du glaubst auf irgendeiner Ebene, dumm zu sein. Überlege, ob du das ausagiert oder kompensiert hast, oder beides. Das Ego investiert in deine Über- oder Unterlegenheit. In diesem Fall heißt das, dass du entweder den Schatten des Dummkopfes nach außen projizierst und dich den „dummen Leuten" in deiner Umwelt überlegen fühlst, oder dass du den Schatten auslebst und dich den „intelligenten Leuten" unterlegen fühlst. Wenn du die eine Seite in dir trägst, ist es fast sicher, dass du dich in einem Teufelskreis befindest und auch die andere Seite in dir hast. Das Ego will die Gabe deiner Intelligenz nicht verwenden. Das Ego möchte, dass du von dir selbst abhängig bist, und das bedeutet, dass du ganz leicht in die Falle von Überlegenheit und Minderwertigkeit fällst. Intelligenz, die auf wahrhafte Weise angewandt wird, bringt dir Inspiration und Gnade. Ein wirksames Mittel zur Heilung ist, die eigenen Fehler anzuerkennen. Wenn du deine Fehler erkennst und sie dir selbst vergibst, dann beseitigst du Schuldgefühle und Bewertungen und gewinnst damit eine neue Sichtweise. Du kannst deine Lektion lernen und wenn du die Illusion erkennst, löst sie sich auf, zusammen mit dem Schmerz, den du gespürt hast, und du befindest dich erneut im Fluss des Lebens.

Dunkle Göttin

Die dunkle Göttin ist die destruktivste Form des Weiblichen. Sie ist grausam, hartherzig und rücksichtslos. Sie ist launisch, genussversessen und fordernd. In ihr stecken Wut und zerstörerische Kraft und sie besteht darauf, dass sich alles in der Welt nur um sie dreht. Sie ist sowohl dominant als auch anmaßend. Um zu reifen, muss sich jede Frau der dunklen Göttin in sich selbst stellen und sie besiegen. Damit werden eine große Menge an Macht und echte Gutheit in die Welt gebracht. Wenn sich ein Mann der dunklen Göttin gestellt hat, dann projiziert er sie nicht mehr auf die Frauen um sich herum. Damit ein Mann die dunkle Göttin besiegen kann, muss er Schwert und Schild aufgeben und der dunklen Göttin nackt und ohne jede Verteidigung begegnen. Wenn er auf die Gnade und die Liebe vertraut, wird er Erfolg haben und die Frauen in seinem näheren Umfeld, die von der dunklen Göttin besetzt sind, ebenfalls befreien können. Jede Frau, welche die dunkle Göttin transzendiert, setzt große Macht, Wahrheit und Barmherzigkeit frei und erlangt die Fähigkeit, auch andere Frauen zu befreien und auf dem Weg nach Hause zu führen.

Wenn du diese Karte erhältst: Vor dir liegt noch die Aufgabe, eines der Schlüsselelemente zu überschreiten, das deine Beziehungen wirklich erfolgreich machen kann. Diese dunkle Kraft kann sich in Menschen in deiner Umgebung entladen oder in dir selbst. Sie kann sich als Wut, Angriff oder blinde Eigensucht zeigen. Sie kann eine missgünstige Egozentrik aufweisen oder sich als haltloses Raffen zum Ausdruck bringen. Dieser Schatten kommt aus den tiefsten, am stärksten verdrängten Bereichen des Bewusstseins und zeigt sich als unbewusste mentale Kraft, die als schwarze Magie auftaucht. Denke darüber nach, ob du die dunkle Göttin auf eine Person außen projizierst, ob du selbst diese Rolle spielst oder ob sie noch in dir schlummert. Die Bewusstwerdung und Bewusstheit über ihre Präsenz ist das größte Geschenk für deine Heilung. Heute ist ein perfekter Tag, um dieses dunkle, vergiftende Selbstbild zu heilen und diese Egostrategie der Dominanz, des Nehmens und des Autoritätskonfliktes zu überwinden. Jetzt ist eine perfekte Zeit, um die Hilfe des Himmels hereinzubringen. Solche Schattengestalten können in der Gegenwart von Gnade, Licht und Liebe nicht existieren. Sie sind nicht die Wahrheit.

Faulpelz

Das ist ein Schatten von Faulheit. Ob unsere Trägheit aus Schwäche resultiert, eine Art Sucht darstellt oder auf Angst beruht, dient sie doch auf jeden Fall nur dazu, uns von Erfolg und Glück fern zu halten. Der Buddha erkannte Faulheit als einen der Hauptstolpersteine auf dem Weg zum Glück. Der Faulpelz besitzt nicht genug Disziplin oder Tugend, um das zu tun, was es zum Erfolg braucht. Manchmal werden Perfektionisten faul, weil sie wissen, dass sie nie vollkommen sein können. Auf der anderen Seite ist es möglich, dass jemand, der sehr geschäftig ist, getrieben wird und sich selbst immer antreibt, um den Schatten des Faulpelzes zu kompensieren. Abwehrmechanismen brechen eines Tages in sich zusammen, aber während sie noch wirken, berauben sie uns unserer Belohnungen für unsere Geschäftigkeit und harte Arbeit.

Wenn du diese Karte erhältst: Du gehst mit dem Faulpelz um wie mit jedem Schatten, das heißt, du attackierst dich selbst dafür. Je mehr du ihn nach außen projiziert hast, desto mehr hast du ihn in dir versteckt, indem du ihn verdrängt hast. Heilung transformiert Schatten und wirkt so, dass du vorwärtsgehst über das hinweg, was wie eine unsichtbare Mauer war, die dich zurückgehalten hat. Der Schatten des Faulpelzes hält dich davon ab, wie alle anderen Schatten auch, dass du dich selbst erkennst. Und er versteckt vor dir auch den Willen des Himmels aufgrund deines Autoritätskonfliktes. Echter Einsatz, eine Bemühung deines Willens, der eine andere Facette deines Spirits ist, ist ganz natürlich erfolgreich. Jetzt ist Zeit, die Macht deines Willens anzunehmen und dein Bemühen auf echte Weise einzusetzen. Das öffnet dir den Willen des Himmels und die Gnade, die auf dich wartet. Ohne den Faulpelz kann sich dein Leben richtig entfalten.

Fette

Die (oder der) Fette ist die Schattenfigur der übergewichtigen oder eben fetten Person. Fast alle Menschen mit Gewichtsproblemen haben den Fette-Schatten. Und doch gibt es Leute, die diesen Schatten kompensieren, zum Beispiel mit Essstörungen wie Anorexia. Der Fette-Schatten programmiert die Gefühle und das Verhalten, die zum Übergewicht führen. Dann kompensieren wir dieses Selbstbild. Wir sehen vielleicht gut aus und scheinen fit zu sein, aber wir können uns nicht am Körper freuen, weil wir uns für zu dick halten. Zu irgendeinem Zeitpunkt haben wir entschieden, dass wir zu dick sind, und deshalb haben wir uns selbst dann abgelehnt. Das haben wir verdrängt und so fing ein Kreislauf von Glauben, Fühlen und Handeln an auf der Grundlage der Annahme, dass wir zu dick seien. Damit wurde dieses negative Selbstbild jedes Mal weiter verstärkt. Seither haben wir uns attackiert und uns womöglich selbst dazu getrieben, zu dick zu sein. Die oder der Fette besitzt eine Extradosis von niedrigem Selbstwert neben der, die aus der Selbstablehnung stammt.

Wenn du diese Karte erhältst: Dir wird gezeigt, dass du ein Glaubensmuster in Bezug auf Dicksein hast, das deine Gewohnheiten programmiert. Es ist für dein Selbstwertgefühl und dein allgemeines Wohlbefinden wichtig, den Schatten der Fetten zu heilen. Bitte dein schöpferisches Bewusstsein, alle deine Fette-Schatten in einen einzigen großen zu verschmelzen. Gehe dort hinein. Er ist nicht fest, sondern ein Hologramm. Wenn du hineingehst, gibt es dort eine Tür. Tritt durch die Tür; dort findet eine Initiation statt und du wirst einen Teil deines Bewusstseins, das verleugnet und abgespalten wurde, wiedergewinnen. Das bringt ganz natürlich auch mehr Kompetenz und Macht mit sich. In dem seltenen Fall, dass du in ein Dunkel trittst oder an einen furchterregenden Platz kommst, wenn du durch die Tür gehst, dann bitte dein höheres Bewusstsein oder den Himmel darum, Licht in diesen Teil deines Geistes zu bringen. Es ist wesentlich, diese Schatten zu transformieren, die uns herabsetzen, und mit unserem Selbstfrieden in Frieden zu gelangen. Das kann der erste Schritt dabei sein, dass du deinen Körper wieder annimmst, wenn du dich bisher wie hilflos deinem Gewicht gegenüber gefühlt hast.

Folterknecht

Der Folterknecht ist jener Schatten, der bei anderen Schmerzen verursacht. Das tut er, um zu dominieren, zu attackieren, zu bestrafen, seine Angst oder Minderwertigkeitsgefühle zu verstecken oder um Rache zu üben. Dieses Bedürfnis, anderen Schmerzen zuzufügen, bringt ihm Befriedigung, macht ihm Spaß oder erregt ihn sogar sexuell; diese Haltung entsteht aus verdrehten geistigen Mustern. Der Folterknecht quält andere auf physische, emotionale oder mentale Weise. So etwas kann auch aufgrund von Rivalitäten zwischen Geschwistern entstehen. Wenn es so ein besonders leidvolles Muster gibt, dann wird das unter Umständen von den Eltern auf die Kinder weiter gegeben. Das kann zu psychotischen oder kriminellen Verhaltensweisen führen, bei denen der Folterknecht Schmerzen und Leid völlig „unpersönlich" zufügt. Jeder Schatten bedeutet, dass sich der Mensch selbst quält, aber wenn wir den Schatten des Folterknechtes haben, dann liegt eine noch größere Selbstbestrafung vor. Folter kann auch in

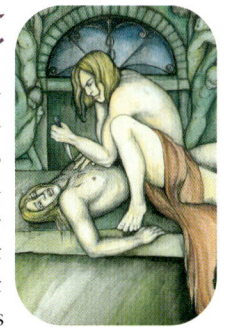

Gestalt eines humorvollen Hänselns auftreten, in dem die Absicht steckt, jemanden in Wirklichkeit zu beschämen, bloßzustellen oder zu demütigen, nicht etwa, nur einen Spaß zu machen.

Wenn du diese Karte erhältst: Jetzt kannst du den Folterknecht in dir oder in der Situation, in welcher du dich befindest, heilen. Wenn du in deiner inneren Dunkelheit bleibst und dich daran erfreust, so wird damit ein Muster in Gang gesetzt, das zu noch tieferer Dunkelheit führt, die dich als Kanal oder Instrument benutzt. Dieser Schatten kann zu Neurose oder Psychose führen, oder du begibst dich in Situationen, in denen du selbst fürchterliche Schmerzen erleidest, um nur ja den eigenen inneren Folterknecht zu besänftigen. Je mehr wir unsere Schatten dissoziieren, desto blinder werden wir für ihre Wirkungen in unserem Leben. So kann es geschehen, dass wir völlig unbewusst darüber sind, dass wir andere quälen. Du erkennst vielleicht nicht, dass du etwas als einen Akt der Aggression ausführst, weil du deine eigenen Gefühle abgestumpft hast und nicht die schmerzerfüllten Blicke im Gesicht anderer bemerkst. Das Maß des Folterknechtes in deinem Leben ist das Maß dafür, wie sehr du an Schrecken und Leid glaubst. Nimm diese Gelegenheit wahr, dich und die Menschen in deiner Umgebung von diesem dunklen Schatten heute zu befreien.

Geizhals

Der Geizhals ist geizig; er will in den meisten Situationen nicht selbst geben. Wenn wir aber nicht geben, dann werden wir schneller alt und unser Herz trocknet aus wie ein schrumpeliger Apfel. Der Geizkragen hat Angst und hortet, um sich in (falscher) Sicherheit zu wiegen. Ob es nun Zeit ist, die wir horten, Geld, Energie: Was wir horten, ist für uns zu einem Idol geworden. Wir beten es gewissermaßen an, wir glauben, dass uns gerade diese Sache retten und glücklich machen wird. Das passiert natürlich nie und wir sind fest eingebucht, Enttäuschungen zu erleben, da unsere geliebte Illusion keinerlei Liebe für uns hat. Was wir besitzen wollen, besitzt in Wahrheit uns. Als Geizhals leben wir in einer Welt der Selbstbefriedigung und einer diebischen Freude und glauben, dass Sammeln und Horten uns glücklich macht. Dabei zeigt dies nur an, in welchen Bereichen wir kein echtes Leben und keine wahre Verbindung zur Umwelt haben.

Wenn du diese Karte erhältst: Du bist in der Illusion gefangen, dass ein Zurückhalten deiner selbst oder von etwas, was du besitzt, die Quelle deines Glücks darstellt, wo es doch vielmehr tatsächlich die Quelle deines Mangels ist. Du steckst in einem Teufelskreis von Geiz und Mangelgefühlen. Überlege, in welchem Bereich deines Lebens du dich weigerst, mit anderen zu teilen und dich auszutauschen. Dort wirst du Mangel spüren. Teilen ist eine Form von Liebe und Erschaffen, welche die Fülle stärken und dich an dein Wesen erinnern. Wenn du Selbstbilder des Geizhalses hast, hast du auch viele ängstliche Selbstbilder, die zu Eigenangriffen führen. Je mehr du dich in Geiz verstrickst, desto kleiner und dunkler wird deine Welt. Deine Perspektive verengt sich und im Leben dreht sich alles nur noch um Anhäufung, die uns nie wahres Glück bringen kann. Du bist von der Spur deines Lebens abgekommen und wirst emotional verkrüppelt. Du lässt es zu, dass irgendein altes Geschehen deine Realität definiert. Häme und Suchtverhalten haben nichts mit der weiten Öffnung und Erfüllung zu tun, welche die Verwirklichung deines Sinns auf ganz natürliche Weise erzeugen. Lass nicht deine Angst dein Leben bestimmen. Was du auch horten magst, es wird dich nicht beschützen oder retten, wie du es dir denkst. Es ist Zeit, all diese versteckten oder offenkundigen Selbstbilder des Geizhalses loszulassen, oder du wirst nie aufhören, dich selbst niederzumachen.

Hexe

Die Hexe ist jemand, die ihre medialen, schamanischen Kräfte benutzt, um eigensüchtige Ziele zu erreichen. Sie ist jemand, die ihre Gaben nicht mit anderen teilen und ihnen auch nicht helfen will. Sie schaut nur auf sich selbst. Die Hexe ist eine Person, die Bewusstseinskräfte auf einer schamanischen oder magischen Ebenen entwickelt hat. Und doch denkt sie nur an ihre eigenen Wünsche und Genüsse, an Herrschaft, Reichtum oder Stolz. Die Hexe bringt nur das Streben ihres Egos nach Besonderheit und Getrenntheit zum Ausdruck. Deshalb sieht man die Hexe allgemein als eine einsame Gestalt, die neurotisch ist, paranoid und sogar in Wahnvorstellungen gefangen. Die Hexe maskiert den Umstand, dass sie unglücklich ist, durch ihre strategischen Machtspiele. Sie ist destruktiv, giftig und agiert häufig als Schurke, da sie im Streben, ihre eigenen Ziele zu erreichen, andere rücksichtslos übergeht.

Wenn du diese Karte erhältst: Es ist wesentlich, dass du Verantwortung für die Hexe in dir übernimmst. Wenn du das nicht tust, wirst du von deinem eigenen Selbstbild zum Opfer gemacht, ob es nun in dir stecken bleibt oder nach außen projiziert wird. Vielleicht kompensierst du diesen Schatten, indem du übermäßig freundlich bist, oder supernett oder naiv. Oder du entwickelst eine Persönlichkeit, die sich anpasst und immer besänftigend wirken möchte, um die Hexe in dir zu verstecken. Andererseits könnte sie sich auch darin zeigen, dass du zum Oberkontrolleur wirst oder zu einer ganz und gar giftigen Person. Wenn du den Schatten der Hexe hast, dann zeigt dir das einen Platz, wo du entweder deine Bewusstseinskräfte missbrauchst oder dich vor ihnen versteckst. Du machst dich entweder selbst schwach, damit du nicht zu dir stehen musst oder du verurteilst dich aus Angst. Diese Kraft der Hexe wird – wenn du sie in die richtige Richtung gewendet hast – notwendig sein, um dir und anderen zu helfen. Du kannst ihre Kräfte dem Himmel oder einem eigenen höheren Bewusstsein in die Hände geben, falls du Angst davor hast, sie zu missbrauchen. Die Energie der Hexe ist notwendig um kreativ zu erschaffen, aber sie muss integriert werden, damit du auf einem Weg der Wahrheit und Harmonie vorangehen kannst. Wie bei allen Selbstbildern ist auch dieses trennend und wie alle Schatten ist auch dieser spaltend und er blockiert den Fluss und alle guten Dinge. Seine Integration stellt einen weiteren Meilenstein dar auf deinem Weg, die wahre Macht deines Bewusstseins wiederzuerlangen.

Invalide

Der (oder die) Invalide ist jemand, um den sich andere wegen seiner Krankheit oder Verletzung kümmern müssen. Häufig führt ein emotionaler Konflikt dazu, dass eine Person invalide wird. Das Ego hat auf einer bestimmten Ebene dafür gesorgt, dass wir die Persönlichkeit des Invaliden angenommen haben. Das kann aufgrund von Angst, Schuldgefühlen, Rachegelüsten, der Suche nach einem Vorwand oder dem Wunsch, etwas zu verbergen oder zu beweisen, geschehen sein, und so fort. Als ob nun diese Invaliden-Persönlichkeit und ihre Programmierung nicht schon schlimm genug wären, lehnt das Ego, das nicht damit umgehen kann, dass der Körper nicht ganz vollkommen ist, uns oder andere aus der Umgebung ab und schafft so eine Schicht von Konflikten nach der anderen. Der Invalide ist ein Schatten der Schwäche und der Aufopferung. Er hat meistens auch Opfer-Verschwörungen und Märtyrer-Geschichten sowie die Idole von Krankheit, Leiden und Kreuzigung. Das sind einige der Hauptthemen, Muster und Fallen, die uns in einer Haltung quasi eingefroren haben, in der wir schreckliche Angst vor uns selbst, vor dem Leben, vor anderen und davor haben, vorwärtszugehen. Dem Ego missfällt eine körperliche Krankheit oder Entstellung, es fürchtet sich davor und verachtet sie. Auf die gleiche Weise meint das Ego, dass wir und unser Körper nicht genug für es wären und fürchtet und verachtet uns gleichfalls. Deshalb greift es uns ja so umbarmherzig laufend an und plant sogar unseren Tod, was die Verrücktheit des Egos deutlich macht. Es meint, es würde das Schicksal, welches es uns zudenkt, selbst überleben.

Wenn du diese Karte erhältst: Du trägst in dir Selbstbilder und Glaubensmuster, ein bzw. eine Invalide zu sein. Diese „Persönlichkeiten" hast du unter Umständen kompensiert und sie auf andere Menschen in deiner Umgebung projiziert. Solche Glaubensmuster programmieren allerdings deine Wahrnehmung und deine Erfahrungen. Es ist jetzt Zeit, deine Invaliden-Muster loszulassen. Dieser Schatten kann schlimme Wirkungen für dich haben und dich nachhaltig schwächen, sogar mehr als solche Selbstbilder, die dich in deinem Wesen blockieren und die Gnade fern halten. Lass alle deine Schatten des Invaliden los, auf all den Bewusstseinsebenen in dir, wo es sie gibt. Es ist Zeit, frei zu sein und voranzugehen. Du bist zu größeren Dingen aufgerufen, zu deiner Bestimmung und deinem Sinn. Jetzt ist die Zeit, sich für die eigene Gesundheit und Genesung zu entscheiden. Deine Ganzheit und Gesundheit ist deine wahre und vollkommene Identität als Kind Gottes.

Kämpfer/in

Der Kämpfer ist der Schatten, der alle offenen Fragen mit Gewalt entscheiden möchte. Er hat noch nicht den Grad an Reife erreicht, in dem er seine Emotionen fühlen kann, ohne zu reagieren. Wenn er in Angst ist oder sich von einer schwierigen Emotion in die Falle gelockt fühlt, dann neigt er dazu, mit Angriff zu reagieren. Er steckt in einem Teufelskreis von Bewertungen, Leiden und Gewaltanwendung. Sein Angriff auf jemand anderen wird ein genau so großem Maß an Eigenangriff erzeugen. Der Kämpfer kann sehr unangenehm für seine Umgebung sein, weil er nur auf seine Emotionen hört. Er macht andere für seine Erfahrungen verantwortlich und übernimmt keine Verantwortung für seinen Zustand. Wenn er sein Unterbewusstsein sehen und verstehen könnte, dann würde er sein Muster erkennen: Er entscheidet sich, dass sich ein anderer Mensch so verhalten soll, dass er als Kämpfer einen Vorwand bekommt, wütend zu werden und zu reagieren. Damit rechtfertigt er das, was er tun möchte. Wut zeigt ein Muster an, dass man loslassen muss, wenn man Reife und Erfolg erreichen möchte.

Wenn du diese Karte erhältst: Es ist wichtig, dass du den Kämpfer bzw. die Kämpferin in dir erkennst. Du hast diesen Schatten vielleicht verdrängt, aber jemand in deiner Umgebung handelt so für dich. Denke daran, dass die Welt deinen Geist widerspiegelt. Indem du den Kämpfer in dir ablehnst, verstärkst du ihn in Wahrheit. Wenn du kämpfst, bekämpfst du damit deine eigene Angst auf eine unangemessene, unreife Art und Weise. Wenn du viele Kämpfer-Schatten in dir hast, hast du wahrscheinlich auch eine Angstgeschichte. Eine Angstgeschichte bedeutet, dass du aufgrund von Bewertungen und aggressiven Gedanken selbst Angst bekommst, weil du meinst, dass die Welt das täte, was in Wahrheit du tust. Dann gehst du zum aggressiven Kampf über, um dich so zu schützen. Jemand, der im Teufelskreis von Kämpfer-Schatten und Angstgeschichte steckt, hat meistens auch eine große Angst, den nächsten Schritt nach vorn zu machen. Unsere Bewertungen bewirken, dass wir uns trennen und in Konkurrenz mit anderen treten. Wir meinen, dass unsere Interessen sich von denen anderer Menschen unterscheiden. Es ist Zeit, deinen Kämpfer zu integrieren, damit du den Frieden erfahren kannst, aus dem alle guten Dinge hervorgehen. Das Maß, in dem du Frieden hast, ist auch das Maß, in dem du echte Partnerschaft hast. Dein Kämpfer führt immer zum Kampf, der nur unsere Egos stärkt und die Welt unsicher macht. Nur ein friedvolles Bewusstsein ist effektiv und erfolgreich.

Kritiker

Menschen mit diesem Schatten sind in Bewertungen und Überlegenheitsgefühlen derart gefangen, dass sie nur dann Freude empfinden können, wenn sie Dinge kritisch betrachten und beurteilen. Obwohl sie unter Umständen gar keinen guten Geschmack bzw. keine klare Unterscheidungsfähigkeit haben, meinen sie, dass ihre Ansichten Maßstäbe setzen. Es sei denn, dass sie es mit jemandem zu tun haben, dem sie eine größere Überlegenheit zuschreiben; in diesem Fall halten sie sich selbst für unterlegen, was so weit gehen kann, dass sie sich selbst schädigen. Der Kritiker-Schatten fürchtet sich vor Kritik und das ist auch der Grund, warum es nur selten Kritiker gibt, die selbst als Künstler hervortreten. Sie haben sich entschieden, ihre Übersensibilität unter dem Abwehrschild von Kritik zu verbergen. Sie leben, um zu urteilen, sind aber in Wahrheit gar nicht glücklich, in einer Welt des Vergleichens und der Konkurrenz zu leben.

Wenn du diese Karte erhältst: Du steckst in einem Teufelskreis von Überlegenheits- und Minderwertigkeitsgefühlen. Du versuchst, die unterlegenen Anteile deiner selbst auf andere zu projizieren. Du solltest vielleicht deine Lebensweise und deine Einstellung zum Leben neu einschätzen. Ein Sinn für guten Geschmack und Unterscheidungsfähigkeit helfen dir, die schönen Seiten des Lebens zu genießen, aber ein innerer Kritiker hat das einen Schritt zu weit geführt. Rilke hat einmal gesagt, dass der einzig richtige Zugang zu einem Kunstwerk durch Liebe ist. Um wie viel mehr gilt das für einen Menschen! Der Kritiker ist in seinem eigenen Missfallen gefangen, während jemand, der guten Geschmack hat, alles Schöne im Leben genießen kann. Lass den Kritiker-Schatten und seine Kompensation los und versteckte dunkle Emotionen, damit der Himmel dir an ihrer Statt seine Geschenke und Gaben geben kann.

Lustmolch

Der Schatten des Lustmolchs denkt immer nur an Sex. Er denkt über Sex auf pornographische Weise nach und er handelt mit einer solchen Lüsternheit, dass er in den Augen anderer immer irgendwie „schleimig" wirkt. Er überquert mit seiner Energie, seinen Worten und Taten Grenzen. Er hat die meisten seiner Bedürfnisse in das einzige Bedürfnis nach Sex verwandelt, aber nur in Form eines Nehmens. Seine Umwelt fühlt sich abgestoßen und sogar leicht beschmutzt, besonders jene, die der Lustmolch als seine möglichen Sexualpartner betrachtet. Er macht aus allen, auch aus sich selbst, Sexobjekte. Sein Sextrieb ist niemals gestillt und er ist immer auf der Jagd danach, was seinen Sexdurst stillen könnte. Aber eine solche käufliche sexuelle Begierde wirkt auf die Umwelt abstoßend; so wird er immer wieder enttäuscht und bekommt nie genug. Der Lustmolch erniedrigt sich ständig selbst durch seine Gedanken, Worte und Taten.

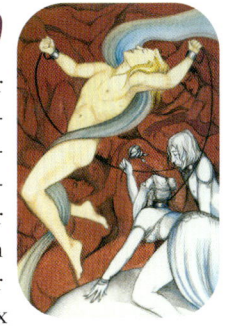

Wenn du diese Karte erhältst: Überlege dir, inwiefern du diese Energie abgewertet und verdrängt hast, ob du sie nun auslebst oder versteckst oder von beidem etwas tust. Du hast es mit einem Schatten zu tun, der ganz und gar ungesund ist, der dich beschmutzt hat und deine Umwelt abstößt. Das führt dazu, dass Menschen, die diesen Schatten des Lustmolchs erfahren, sich fühlen, als ob sie eine Dürre erleben, obwohl das von der Oberfläche her betrachtet nicht der Fall ist. Der Lustmolch verbündet sich oft mit dem Schatten des oder der Prüden, und beide befinden sich in einem großen Konflikt im Bewusstsein. Es ist Zeit, den Lustmolch zu integrieren, damit du dich wieder ganz fühlen und Frieden erfahren kannst. Das verleiht dir eine gesunde Attraktivität und wird auch die Sexualität in eine stimmige Perspektive rücken. Der Lustmolch in uns deckt alten Verlust zu, Trennung und unerfüllte Bedürfnisse und Sehnsüchte. Durch seine Integration wird Sex wieder Teil von Liebe und unsere Haltung verändert sich vom Nehmen und Kriegen, die Aspekte von Lüsternheit sind, zu einer Haltung des Gebens. Das stärkt unsere Fähigkeit, offen für eine echte Partnerschaft zu sein. Da der Lustmolch völlig versteckt und ganz und gar kompensiert werden kann, hilft uns diese Karte, indem sie auf den Bereich hinweist, wo Eigenbewertung und Eigenangriff stattfinden. Lüsternheit ist eine Attacke, da sie dazu führt, dass sich Menschen gegen ihre eigenen Körper richten, deren einziger Zweck wird, Lust zu geben. Diese Energie kann jetzt transformiert werden, damit sie keinen Konflikt mehr für dich darstellt.

Märtyrer/in

Der Märtyrer glaubt, dass Gott ihn in dieser Rolle will. Wie könnte jedoch ein liebender Vater das je für seine Kinder wollen? Alles, was sich mit Märtyrertum erreichen lässt, kann man auch ohne es schaffen. Märtyrertum ist eine Falle. Sie besteht aus Familienrollen, die auf Wertlosigkeit und Rivalität gründen, womit man Schuldgefühle versucht zu kompensieren, weil man versucht, der Familie zu helfen. Das ist aber selten erfolgreich. Wo wir eine Märtyrergeschichte schreiben, opfern wir uns auf höchste unwahre Weise, weil wir glauben, dass es keinen anderen Ausweg gäbe. Wenn wir das als eine Verschwörung machen – das ist eine Falle, aus der es keinen Ausweg mehr zu geben scheint –, tun wir es, weil wir Angst vor unserer Bestimmung haben. In den Familien heute ist dieser Märtyrer-Schatten einer der häufigsten, und er erstreckt sich auch auf die Berufswelt und die Gesellschaft ganz allgemein. Das Opfer des Märtyrers (oder der Märtyrerin) leugnet Partnerschaft, Erfolg und Intimität. Es basiert auf einer Rolle, die zu Rivalitäten und Dissoziationen führt. Aus irgendeinem Grunde glauben wir, dass unser Opfer Gott erfreuen würde. Jesus hat das letzte Opfer gebracht, damit sich nach ihm keiner mehr würde opfern müssen, und doch fallen wir alle in diese Falle und vermeiden, unser echtes Selbst zu verwirklichen. Als Märtyrer probieren wir, Helden zu sein, und doch würden wir uns eher auf einem Pfad der Wahrheit befinden, wenn wir lernen würden, jeden Tag heldenhaft zu geben und zu empfangen.

Wenn du diese Karte erhältst: Du sollst einen besseren, wahreren Weg finden, um das zu vollbringen, was du dir vorgenommen hast. Es ist Zeit, den Märtyrer wieder zu integrieren, damit du die in ihm enthaltene Energie auf eine positivere Weise nutzen kannst. Der Schaden, den der Märtyrer sich selbst zufügt, attackiert zugleich jeden, den er liebt, da ein solcher Angriff nicht zielgerichtet ist. Das wissen wir aus unserer Erfahrung, wenn jemand, den wir lieben, sich selbst opfert. In vielen Fällen wird Aufopferung mit Liebe verwechselt, und das ist eine psychologische Falle. Liebe greift nie an. Sie schreibt eine bessere Geschichte. Theologien, die Aufopferung befürworten, bestehen eine grundlegende Überprüfung durch die Psychologie nicht, sie entbehren jeder sicheren Grundlage und sind irreführend. Es gibt einen besseren, gesünderen Weg, der mit Partnerschaft, Ebenbürtigkeit und Gegenseitigkeit zu tun hat. Es ist Zeit, dass du dich selbst auch mit einschließt, dass du dich und deine Beziehungen erneuerst, denn sonst wirst du es nicht durch die Leblosigkeit hindurch schaffen, die wir alle immer wieder einmal im Leben und in Beziehungen erfahren. Wenn man sich selbst auch mit einschließt und sich auf Ebenbürtigkeit einlässt, dann bringt das Freude, Wirksamkeit und Authentizität mit sich.

Monster

Wenn wir einen Monster-Schatten haben, glauben wir, wir selbst seien ein Monster. Das könnte ein physisches, mentales, emotionales oder verhaltensbezogenes Glaubensmuster sein. Seit Mary Shelleys Frankenstein sind eine Menge unserer Monster in Büchern und Filmen projiziert worden und natürlich auch im realen Leben, wo Menschen monströse Dinge angetan wurden. Der Monster-Schatten in uns wird meistens verdrängt oder führt zumindest ein sehr zurückgezogenes Dasein, aber wenn er sich dann einmal zeigt, kann er zu fürchterlichen Ereignissen führen und gemeine Verhaltensweisen auslösen, die sich auf uns selbst oder auf andere richten. Wenn wir an eine Zeit zurückdenken können, in der wir meinen, wir hätten wie ein Monster gehandelt, gefühlt oder gedacht, oder wenn wir an jemand anderen denken können, der auf diese Weise in unserem Leben aufgetaucht ist, dann ist das ein sicheres Anzeichen dafür, dass wir diesen Schatten haben. Dieser Schatten ist besonders von Selbstverachtung und Selbstquälerei gekennzeichnet. Das ist ein machtvoller Schatten, den wir in unserem Bewusstsein transformieren können.

Wenn du diese Karte erhältst: Du hast wahrscheinlich das Monster als eines deiner Selbstbilder. Dieses Selbstbild kann dich von denen fernhalten, die du liebst, oder, falls du es stark kompensiert hast, wird es zu einer ziemlich großen Leblosigkeit in deinem Leben führen. Wenn du dich selbst so sehr quälst, dann wirst du nicht umhin können, die zu quälen, die du liebst, und sei es nur durch deine Unabhängigkeit. Manchmal, wenn deine Schatten heraus kommen, bist du so voller Dissoziation und Verleugnung, dass du noch nicht einmal bemerkst, dass du dich auf eine monströse Weise verhältst. Ein Monster geht nicht auf andere ein, und ob er Mord oder Chaos im Sinn hat, ist er allemal eine schreckenerregende Figur. Natürlich werden wir eine solche Schattengestalt verdrängen. Jetzt ist es Zeit, dass wir unsere Monster lieben, oder sie fangen an, uns hinterherzujagen und uns in unseren Träumen zu quälen. Unsere Schatten machen uns Angst vor der Dunkelheit, weil wir unsere Schatten in die Dunkelheit projiziert haben. Bringe jetzt alle deine Monster-Schatten zusammen und stelle sie vor dir auf. Lass deine Liebe in sie fließen, bis sie in reine Energie zerschmelzen. Dann absorbiere ihre Energie wieder; sie wird dich stärken und erhalten. Diese Monster sind irrtümliche Wahrnehmungen deiner selbst, die du als einen Vorwand benutzt, meistens, um dich zu verstecken. Diese Fehler kannst du mit Liebe korrigieren.

Mörder

Der Schatten des Mörders ist uns allen gemeinsam. Als wir uns von unseren Eltern und von Gott trennten, hat uns unser Ego gesagt, wir hätten sie ermordet und ihre Gaben gestohlen. Diese Glaubensmuster sind selbstverständlich völlig absurd, wenn man sie sich bewusst anschaut, aber es gibt sie trotzdem in uns und wir bestrafen uns entsprechend. Manchmal programmieren wir uns lieber zu sterben, um zu verhindern, dass wir diese destruktive Energie nach außen richten. Diese falsche Überzeugung kann uns von denjenigen entfernen, die wir lieben, oder wir spielen nur Rollen aus, oder wir opfern uns allgemein selbst, um den Mörder zu kompensieren. Wie bei allen Schatten benutzt das Ego den Mörder-Schatten, um Tore zu Bereichen unseres Bewusstseins zu blockieren, die uns verlorengegangen sind. Der Mörder-Schatten wird vor allem dazu benutzt, das Reich der Engel zu blockieren. Wenn wir unsere Unschuld zurückgewonnen haben, wird sich dieser Bereich für uns öffnen und wir werden wieder persönliche Engelerfahrungen erleben können.

Wenn du diese Karte erhältst: Es ist Zeit, dass du dich intuitiv fragst, wie viele Schattenfiguren des Mörders du hast. Stell dir vor, dass du sie alle in eine große Mördergestalt zusammenbringst. Bitte nun deinen Schutzengel, diese Illusion für dich wegzuschmelzen und dir an ihrer Stelle eine Gabe zu geben. Wenn das abgeschlossen ist, stell dir vor, dass du die Tür in deinem Bewusstsein zum Reich der Engel öffnest. Wenn du den Mörder-Schatten hast, neigst du dazu, dich für jeden Todesfall in deiner Umgebung verantwortlich zu machen. Dadurch entsteht viel Illusion und aufgrund von Schuldgefühlen und Getrenntheit verlierst du viel Lebensfreude. Da es sich allerdings nur um Illusionen handelt, kann man sie leicht auflösen, indem man sich für die Freude öffnet, die daraus entsteht, sich mit einem anderen Menschen innig zu verbinden*. Evolution ist immer eine Entwicklung von Liebe, die auf ihrem Weg zum Einssein Freude mit sich bringt. Es ist Zeit, dass du die „Illusionsballons" des Mörder-Schattens in dir loslässt. Stell dir vor, wie sie alle zum Himmel aufsteigen und dort oben zerplatzen. Sie sind deiner Aufmerksamkeit nicht mehr länger wert. Sie wurden nur von deinem Ego benutzt, um deine Bewusstheit deines wahren Wesens und Seins zu blockieren, das Freude ist.

Narr

Der Narr macht dumme Fehler, ob sie nun nur einmal vorkommen oder immer wiederkehren. Sobald uns das Ego davon überzeugt hat, dass wir uns in Aggression, Verstecken, Bewertungen oder Eigenangriff engagieren sollten, stellen wir fest, dass wir auf einem Weg in die völlig falsche Richtung sind. Der Narr erzeugt den Glauben an Dummheit und diese Muster werden zu einem ganzen System von Glaubensmustern, das sich negativ auf unsere Intelligenz und das Leben auswirkt. Es sind aber wir, die entscheiden. Also können wir uns auch entschließen, uns in die Richtung der Wahrheit zu wenden und vom Weg des Narren umzukehren. Manchmal verbringen wir ein ganzes Leben damit, einen einzigen dummen Fehler zu bedauern, aber auch dieser Fehler kann immer noch korrigiert werden. Wenn du einmal einen albernen Fehler gemacht hast, warst du halt einmal dumm. Wenn du dich weigerst, ihn zu korrigieren, dann bist du für immer ein Narr.

Wenn du diese Karte erhältst: In dir steckt der Schatten des Narren. Vielleicht kommt er nur in Momenten der Frustration oder Verärgerung hoch, wenn deine innere Stimme dich als dumm oder blöd bezeichnet. Das arbeitet natürlich gegen dich, nicht nur als ein

---

* In der amerikanischen Vorlage *joining;* joingung und bonding, zwei ähnliche Begriffe für Herzverbindung, werden im Buch „Es muss einen besseren Weg geben" näher erklärt.

einzelner Eigenangriff, sondern aufgrund des ganzen Glaubenssystems, das dahintersteht und ständig auf dich einwirkt. Es ist Zeit, diese Muster loszulassen und dein eigenes kreatives Bewusstsein oder Wahrheit an ihre Stelle zu setzen. Es ist Zeit, Autoaggression loszulassen und die Lektion zu erlernen. Schatten loszuwerden ist ein einfaches Mittel, um dein Selbstvertrauen und deine Findigkeit zu stärken. Wenn du Schatten loslässt oder sie integrierst, dann hörst du auf, ihnen Energie zu geben, und damit erfährst du mehr geistigen Frieden und Ganzheit. Hör auf, blöd zu sein. Gib diese Schatten an dein eigenes höheres Bewusstsein, damit sie ins „Recycling" kommen und erneuert werden. Diese Energie kannst du für Frieden und Wohlergehen nutzen.

Nörgler/in

Der Nörgler bzw. die Nörglerin ist jemand, die ständig etwas an anderen zu bekritteln hat, sie herabsetzt oder sie ausschilt, um sie zu kontrollieren und so alles nach der eigenen Nase machen zu können. Nörgeln ist eine Form von Beschwerde, die bald zu einer emotionalen Sucht wird. Nörgeln ist ein Versuch, der auf der Grundlage von Hilflosigkeit entsteht, wobei wir von einem anderen erwarten, dass er unsere Situation verbessert. Wenn wir nörgeln, übernehmen wir keine Verantwortung und sind uns nur wenig dessen bewusst, dass wir emotionale Umweltverschmutzung betreiben. Der Nörgler fühlt sich zu seinem Verhalten berechtigt, weil er selbst leidet. Wenn wir kritteln, dann sind wir ganz von unserer Besonderheit überzeugt und meinen, dass sich die Welt nur um unsere Bedürfnisse zu drehen hätte. Als Nörgler fühlen wir uns selbst nicht gut genug und glauben nun, andere herumschubsen zu müssen. Sonst, so meinen wir, wird nichts besser. Wir stecken in der Falle, uns mit anderen zu vergleichen. Unser verbales Drängen grenzt an mentalen Missbrauch, wenn es nicht ohnehin sehr invasiv wirkt. Nörgler fühlen sich schlecht und bewirken, dass sich alle um sie herum dann auch schlecht fühlen. Wenn wir uns selbst mehr schätzen würden, dann würde sich alles verändern und wir wären in der Lage, uns aus den selbstgewählten Beschränkungen zu befreien.

Wenn du diese Karte erhältst: Sei wachsam, ob du selbst als Nörgler/in auftrittst oder das auf jemanden in deiner Umgebung projizierst. So oder so attackierst und quälst du dich selbst und möglicherweise auch andere. Dieser Schatten ist vielleicht im Inneren gut verborgen und er hat sich unter Umständen in der Vergangenheit noch nicht gezeigt. Und doch stellt er ein Selbstbild dar, das dich festhält. Wenn du das Schattenbild des Nörglers in dir trägst, heißt das, dass du dich selbst einmal sehr gedrängt hast, um nur ja erfolgreich zu sein. Das war lediglich eine Kompensation, um deine Wünsche zu verstecken; es hat zu einem Konflikt in dir geführt. Als Nörgler oder Nörglerin hast du Bedürfnisse und Ängste, die sich in Angriffe verwandeln, um dafür zu sorgen, dass deine Wünsche erfüllt werden. Du bewertest andere und stellst Erwartungen an sie, damit es dir besser geht. Du fühlst dich hilflos und agierst, als ob andere dich glücklich machen müssten. Du fühlst dich gleichzeitig überlegen und unterlegen und übernimmst keine Verantwortung für dich; das heißt auch, dass du innerlich keine Kraft spürst. Also greifst du durch Kritteln und Nörgeln an. Jetzt ist es Zeit, alle deine Nörgler-Schatten zu verschmelzen, mit all ihren Bedürfnissen, Ängsten, Urteilen und Schuldgefühlen, die sie kompensieren sollen. Wenn du nach diesem Vorgang der Integration immer noch dunkle Emotionen fühlst, dann integriere diese in dein höheres Bewusstsein, bis nur noch Frieden bleibt.

Opfer

Der Schatten des Opfers ist ein dunkles Selbstbild, das uns dazu führt, verletzt, verwundet oder besiegt zu werden. Es ist ein Zustand der Schwäche und Machtlosigkeit, der aus unserer Bedürftigkeit und Abhängigkeit entsteht. Unterbewusst und unbewusst verstecken wir vor uns die Tatsache, dass wir in Wahrheit erst einmal dem zustimmen müssen, bevor wir je Opfer werden können. In diesen verborgenen Zusammenhängen steckt der Versuch, Schuld abzuzahlen und uns vor unserer eigenen Angst zu schützen, auch ein Versuch, andere indirekt zu besiegen, an jemandem Rache zu üben und Auflehnung – um nur einige mögliche Ursachen zu nennen. Opfer zu sein ist uns immer dienlich, wenn auch auf eine negative Weise; zum Beispiel bekommen wir damit einen Vorwand, der uns erlaubt, die Dinge nach unserer Nase zu tun. Je mehr wir die versteckten dynamisch wirkenden Kräfte in uns erkennen, desto weniger werden wir ihnen zum Opfer fallen. Ein Opfer zu sein erlaubt uns, das zu tun, was wir wollen, und das zu lassen, was wir nicht tun wollen. Die Opferhaltung ist Teil einer Auseinandersetzung mit Menschen, die für unser Leben wichtig sind. Sie ist eine Möglichkeit, unsere Gaben und unseren Sinn zu verbergen und sie sogar vor uns selbst zu verstecken. Mit der Opferhaltung können wir die Kontrolle bewahren über uns selbst oder andere, anstatt uns der inneren Führung zu überlassen. Ein Opfer zu sein ist eine Form von Wut und Ärger, die sich nach außen und innen richtet. Unter der Opferhaltung kann sich ein mörderischer Zorn verstecken, den wir gegen uns selbst richten. Als Opfer streben wir danach, recht zu haben und Entschuldigungen zu suchen. Diese Rolle der Aufopferung nehmen wir auf uns, um eine bestimmte Person zu retten, manchmal unsere gesamte Familie. Es ist ein Versuch, etwas zu beweisen und an etwas oder jemandem festzuhalten. Wir suchen die Aufmerksamkeit und streben danach, bestimmte Bedürfnisse zu erfüllen. Opfer zu sein bedeutet, dass wir in unser Ego investieren und eine Möglichkeit haben, unsere Sucht nach irgendetwas zu befriedigen. Dahinter steckt eine Beschwerde, die den anklagenden Finger nicht nur auf den Täter oder die Täterin richtet, sondern ebenfalls auf Menschen, die in unserem Leben wichtig sind, und Gott, weil sie und er alles falsch gemacht haben.

Wenn du diese Karte erhältst: Es ist wichtig, dass du erkennst, dass du einige Selbstbilder von dir als Opfer hast. Das hält dich in Schwäche fest, macht dich zornig und lässt dich in einem oder mehreren Bereichen ohnmächtig sein. Wenn du keine Verantwortung übernimmst und deine Schuldgefühle und Schuldzuweisungen nicht aufgibst, wirst du nie frei sein. Du wirst jetzt aufgefordert, die Entschuldigung, du seiest ja ein Opfer, loszulassen, damit du auf eine neue Ebene von Partnerschaft und Erfolg gehen kannst. Sonst bleibst du im „Nehmen" deiner abhängigen Seite stecken oder im abgespaltenen Kontrollaspekt deiner unabhängigen Seite, ohne dass du empfangen kannst und ohne wahrer Partner bzw. wahre Partnerin zu sein*. Du agierst den Opfer-Schatten entweder aus oder kompensierst ihn durch (unechte) Unabhängigkeit oder die Rolle des vermeintlichen Helfers. All das dient nur als Vorwand, um sich nicht ändern zu müssen. Gleich, auf welcher Ebene sich der Opfer-Schatten bei dir zeigt: Es wird sehr hilfreich sein, wenn du dir bewusst machst, dass du diesen Schatten noch in dir trägst und dass er dir Schwierigkeiten im Leben macht. Unter diesem Schatten sind Gaben verborgen, die dir und anderen helfen können – gleich, ob das Problem in der Vergangenheit liegt oder noch gegenwärtig ist. Es ist Zeit, diese Selbstbilder in deinem höheren Bewusstsein zu verschmelzen, damit du nicht noch länger zum Angriff einlädst oder diesen Opfer-Schatten kompensierst, indem du selbst zum Täter wirst. Heute ist ein Tag, um einen entscheidenden Schritt vorwärts zu machen, der dir erlaubt, über die Opferhaltung hinauszugehen. Indem du Verantwortung für dein ganzes Leben übernimmst, ermächtigst du dich selbst auf eine wahre Weise.

---

* Die Dynamik der Entwicklung von Abhängigkeit zu Unabhängigkeit zu Partnerschaft zu Meisterschaft wird im Buch des Autors „Es muss einen besseren Weg geben" (Via Nova Verlag) detailliert erläutert.

Prostituierte

Üblicherweise bezieht sich dieser Schatten darauf, dass man sexuelle Dienste gegen Geld anbietet; er kann jedoch mit allem zu tun haben, wobei wir uns für Geld verkaufen. Der Schatten der Prostituierten spricht von einem Verlust sexueller Integrität im Austausch gegen Geld. Bei diesem Schatten haben wir unsere Sexualität bewertet und wie wir Sex empfinden. Wir glauben, dass wir anderen sexuelle Gunst erweisen, um dafür etwas anderes zu bekommen. Wir haben unseren Wert verloren und stattdessen Bedürftigkeit zum wichtigsten Aspekt unseres Lebens gemacht. Wir sind bereit, die Bedürfnisse eines anderen zu erfüllen, indem wir selbst uns sexuell opfern. Wir haben Sex zu einem Job gemacht, der unsere materielle Habgier trägt. Wir sind uns gegenüber nicht mehr aufrichtig, und damit wird es schwierig, gegenüber einem Partner wahr zu sein. Mit diesem Schatten greifen wir uns selbst an und wir bestrafen uns, werden emotional und sexuell dissoziiert und unter Umständen sogar zynisch und abgestumpft. Wir können diesen Schatten ausagieren oder ihn tief verdrängen. Er bleibt auf jeden Fall ein dunkles Selbstbild, das wir als Mauer aufstellen zwischen uns und den Menschen, die wir lieben. Beim Schatten der Prostituierten fühlen wir uns, als ob wir uns selbst verloren hätten. Oft gibt es noch einen Opfer-Schatten oder eine Opfer-Geschichte, welche die Prostituierte feststecken lässt. Als Folge gehen wir entweder zu Prostituierten oder wir werden selbst dazu. Unsere starrsten und prüdesten Verhaltensweisen können eine Kompensation dafür darstellen.

Wenn du diese Karte erhältst: Du hast Sex mit Geld verwechselt. Es gibt in deinem Bewusstsein einen Teil, der glaubt, dass du dich verkaufst. Es ist Zeit, diese dunklen Glaubensmuster über dich selbst aufzulösen, um deine Unschuld, Aufrichtigkeit, Offenheit und Fähigkeit zu fühlen zurückzugewinnen. Du kannst dich sexuell erneuern und dich nicht selbst durch Tauschgeschäfte betrügen. Es ist Zeit, dass du Herz und Genitalien wieder mit einander verbindest. Jeder Schatten, den du wieder integrierst, wird dir eine größere Ganzheit geben. Diese neue Integrität verringert die Konflikte in deinem Geist. Wenn du den Schatten der Prostituierten integrierst, bringt das Frieden und eine neue Ebene von Ganzheit im Bezug auf Sex mit sich und du bist dir selbst wieder treu. Das hilft dir, dein Herz wiederzuerlangen, Bonding wiederherzustellen und einen großen Schritt auf deinen Zweck hin zu tun. Ein solcher Schatten kann dich von großartigen sexuellen Gaben ablenken, wie den Archetypen der Tantrika und des sexuellen Heilers. Den Schatten zu integrieren und zu heilen, bringt die verlorengegangene Intimität und etwas Heiliges wieder in den Sex. Es ist jetzt Zeit, alle Glaubensmuster loszulassen, denen zufolge du dich in irgendeinem Bereich deines Lebens prostituiert hättest. Gewinne diese Energie zurück und sie wird ganz natürlich mehr Fließen in dein Leben bringen. Segne dich selbst mit dieser Heilung. Sexualität gelangt dann wieder auf eine sinnvollere Ebene.

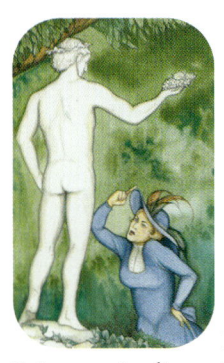

Prüde/r

Der Schatten des bzw. der Prüden verurteilt Sex und alles Sexuelle, liebt es dabei jedoch insgeheim, geschockt zu werden. Der Prüde ist bewertend, gehemmt und tut so, als ob er moralisch überlegen wäre. Wenn wir Aspekte unserer Sexualität zurückweisen, dann projizieren wir unsere Bewertung nach außen. Falls wir den Prüden in uns tragen, dann projizieren wir dieses Schattenbild auf andere oder handeln selbst dann und wann so. Das hat meist mit religiösen Schuldgefühlen zu tun, mit Ansichten über Sünde und Scham. Unser Prüder lässt sich dann darüber aus, wie sehr er das Verhalten anderer missbilligt, und wird manchmal sogar richtig giftig. Der bzw. die Prüde hat Vitalität und sexuelle Energie von sich abgetrennt und deshalb altern solche Menschen schneller. Ihre verdrängte Energie lässt sie nicht ins Fließen gelangen; Spiel und Spontaneität fallen ihnen schwer. Sie stehen mit sich selbst auf Kriegsfuß und oft tragen sie gleichzeitig auch noch das entgegengesetzte Schattenbild in sich, das des Lustmolchs, das sie auch zu kompensieren versuchen. Der Schlüssel zur Ganzheit ist sowohl unsere Schatten als auch ihre Kompensationen, unter denen wir sie versteckt haben, zu integrieren. Das bringt Ganzheit, Frieden und Natürlichkeit hervor. Der Prüde legt eine Haltung an den Tag, die von Konkurrenzdenken und der Ansicht geprägt ist, er sei moralischer und „heiliger"; damit führt er ein unglückliches Leben voller Urteile und Selbstverurteilungen. Prüde hassen und lieben zugleich, wenn sie mit Verhaltensweisen konfrontiert werden, die sie als „lüstern und abscheulich" bezeichnen würden.

Wenn du diese Karte erhältst: Heile deine Bewertungen über Sexualität und den Körper. Du sollst dich jetzt von den Schatten, Urteilen und Kompensationen befreien, die an dir zehren und dich alt und grimmig machen. Wenn du diese Teile deiner selbst zurückgewinnst, dann kommen Natürlichkeit, größere Energie und Gleichgewicht zurück. Wenn du diese Karte bekommst, zeigt sie dir, dass du andere bewertest und, noch wichtiger, dass du dich selbst abwertest. Die Folgen sind meistens Zurückgezogenheit, gemeine verbale Attacken oder sogar Krankheiten, besonders sexuell übertragbare. Der bzw. die Prüde lebt mit einem irrtümlichen Glauben oder Ideal, und sie wollen, dass andere auch danach leben. Sie fühlen sich in ihrer Haltung gerechtfertigt und meinen, ihre Überzeugung sei wichtiger und richtiger als andere. Man hat es beim Prüden mit einer Kombination von Moral, Überlegenheitsgefühl und Verleugnung zu tun. Jetzt ist es Zeit, dass du die Energie des Prüden integrierst und einen neuen Frühling in deinem Leben erfährst. Sexuelle Energie kann zu Romanzen, Erotik, Kreativität, Vitalität oder einfach viel Spaß führen. Es ist Zeit, diesen lebendigen Teil deiner selbst zurückzugewinnen, um jung zu bleiben, auch wenn du älter wirst.

Raubtier

Das Raubtier ist ein grausamer Räuber, der aus reiner Gier oder aufgrund einer Laune seine Beute schlägt. Er ist so gebrochen im Herzen und so gespalten, dass er kein Mitgefühl mehr für das Leid anderer spürt. Das Raubtier nährt sich am Leid und der Schwäche anderer, als ob er durch den Augenblick seiner Übermacht seine eigenen Schmerzen und Schwächen vergessen könnte. Dieser Schatten hat sich auf die Strategie des Egos eingelassen, das über andere herrschen möchte. Er erkennt nicht, dass die Herrschaft über andere auf Angst aufbaut und nur Angst vermehren kann; und Angst ist einer der Schlüsselfaktoren des Egos. Das Raubtier ist herzlos und kann wie eine monströse Gestalt auftreten. Es lebt durch Macht, beutet die Schwäche anderer aus, und, weil es vom Herzen her dissoziiert* ist, muss es immer dramatischere Dinge tun, um etwas zu empfinden oder um sich überhaupt lebendig zu fühlen. Das Raubtier spezialisiert sich auf bestimmte Gebiete, zum Beispiel auf sexuelle oder emotionale Ausbeutung oder auf mehrere Gebiete. Im Extremfall ist er ein Serienmörder. Extreme Formen dieses Schattens sind psychotisch, haben einen fragmentierten Geist und ein gebrochenes Herz, das schon seit langem unter der Abwehr versteckt wird, von anderen zu nehmen.

Wenn du diese Karte erhältst: Du solltest überlegen, wo in dir das Raubtier steckt. Vielleicht bringst du es ohne viel Bewusstheit zum Ausdruck. Es ist an der Zeit, ihn zu erkennen und diesen dunklen Teil von dir zurückzugewinnen. Du wirst dir vielleicht bewusst, dass du einen Raubtier-Aspekt in dir trägst, und du hast dafür genügend kompensiert, dass er auf jemanden in deinem Berufsfeld, in deinen Beziehungen oder auf Menschen projiziert wird, die in den Schlagzeilen von Zeitungen auftauchen. Wenn du dich

---
* dissoziiert: psychologischer Fachbegriff; etwa: gespalten, sich selbst entfremdet; siehe auch „Es muss einen besseren Weg geben"; Anhang.

dagegen wehrst, Licht in diesen Bereich zu bringen, dann öffnest du dich für die Astralebene mit all ihren dunklen Einflüssen. Du kannst diese dunklen Selbstbilder jedoch zurückgewinnen, die nur dich und deine Umwelt auf dem Weg der Seele zurück zur Liebe schädigen oder aufhalten. Indem du die verlorenen Anteile integrierst, gewinnst du deine Fähigkeit zurück, zu fühlen, dich auf Menschen zu beziehen, die Wahrheit zu erkennen und deinen Lebenszweck zu verwirklichen. Es ist Zeit, dass du dich durch Gnade erlösen lässt und die Seelengabe annimmst, die sich unter diesem Schatten verbirgt; es ist Zeit, dass du diese Gabe jedem weitergibst, der als Beute behandelt wurde oder der sich dir gegenüber als Raubtier verhalten hat. Wenn du dieses ganze Gewebe von Opfer und Raubtier durcharbeitest, werden die erlösenden Gaben nicht nur dich, sondern viele andere befreien.

Rebell

Der Rebell ist der tiefste und älteste Schatten, den wir haben. Bei unserer Evolution zurück in die Einheit ist dies der letzte Schatten, dem wir uns gegenübersehen und den wir heilen müssen. Der Autoritätskonflikt war die Ursache, dass wir überhaupt von der Einheit getrennt wurden, und er steckt an der Wurzel aller unserer Probleme. Wir haben diesen Teil von uns bewertet und real werden lassen, obwohl er in Wahrheit eine Illusion ist. Wir haben tatsächlich einen Autoritätskonflikt mit dem Himmel, und das ist ein Kernfaktor für alle Probleme. Zunächst verdrängen wir den Rebellen-Schatten, dann projizieren und kompensieren wir ihn und tun dann so, als ob das alles nichts mit uns zu tun hätte. Unser ganzes Leid können wir auf unsere eigene Auflehnung zurückführen. Unser Schmerz und oft auch unser Tod ist nichts als eine Ausdrucksform von Auflehnung. Wir könnten sie zugunsten des göttlichen Friedens aufgeben, der nur alle guten Dinge bringt.

Wenn du diese Karte erhältst: Um welches Problem es auch geht – an seiner Wurzel steckt der Rebell. Die ganze Welt ist eine Manifestation deiner Auflehnung gegen dich selbst und deiner leidvollen eigenen Zurückweisung. Du glaubst, du hättest es geschafft, dass der Rebell in dir, den du abgelehnt hast, verschwunden wäre. Tatsächlich hast du ihn nur aus deinem Blickfeld verbannt, und damit konnte er auch nicht geheilt werden. Sobald du einen Teil von dir ablehnst, projizierst du ihn und erschaffst dir damit die Welt, die du siehst. Der Rebell ist unsere letzte Widerstandsschicht; er führt zu unserer Getrenntheit und geistigen Zersplitterung. Da du diese Karte gezogen hast, ergibt sich für dich jetzt die Chance, den Schatten des Rebellen loszulassen, indem du dich dazu entscheidest, nicht mehr in ihn zu investieren. Stattdessen wirst du eingeladen, deine Ganzheit zu erkennen, den Frieden und die Einheit mit allem. Der Rebell ist an der Wurzel unserer chronischen Probleme wie Angst, Leiden, Aufopferung und Gefühle der Wertlosigkeit. Nichts von alledem ist wahr, aber deine Investition in diese Dinge bedeutet, dass sie dir wichtig sind. Indem du dir deiner Rebellen-Schatten bewusst wirst und auch ganz die Verantwortung für sie übernimmst, kannst du Gott als Gott akzeptieren und erkennen, dass du sein geliebtes Kind bist. Es ist Zeit, den Rebellen loszulassen und zu sehen, was der Himmel dir statt seiner geben möchte.

Richter

Der Richter ist ein Schatten, der für uns alle großes Leid verursacht. Der Richter-Schatten wurzelt in Selbstbewertung und Eigenablehnung. Als Richter (oder Richterin) trennen wir uns von anderen und stellen uns über sie. Wenn sie Fehler machen, halten wir das für strafwürdig, anstatt voller Mitgefühl zu helfen. Als Schattengestalt ist der Richter selbstgerecht, er steht in Konkurrenz zu anderen und er verdrängt stark. Er taucht aufgrund unserer Schuldgefühle auf, die wir abwehren und verdrängen. Wir haben den Richter verurteilt und als Folge dessen wird er verdrängt, und dieser verdrängte Teil unserer selbst bewertet uns und alle anderen. Der Richter vergibt nicht und er greift an und kritisiert. Es ist schwer, mit jemandem zu leben, der immer urteilt, und so ist es auch schwer, mit dem Richter in uns zu leben. Der Richter erzeugt seinen eigenen Teufelskreis von Schuldgefühlen, Bewertungen, Selbstverurteilungen und Selbstbestrafungen, die alle dann zu noch mehr Eigenaggression und Leid führen.

Wenn du diese Karte erhältst: Es ist Zeit, dass du den Schatten des Richters in deinem Geist transformierst, da du und andere lange genug unter dieser Dunkelheit gelitten haben. Frage dich, wie viele Richter du im Inneren hast und welche Wirkung sie auf dein Lieben ausüben. Oft ist der Richter verborgen, wirkt jedoch wie ein sehr schwerer Mühlstein in deinem Leben, der dich mit seiner Last, mit Problemen und Opferhaltungen als schwere Formen von Kompensation niederzieht. Manchmal wendest du den Richter nach außen und projizierst deine Schuldgefühle auf andere und behandelt sie auf gemeine Weise. Bewertungen sind ein sicheres Zeichen dafür, dass du nicht recht bei Bewusstsein bist. Erst aufgrund von Bewertungen entstehen alle Probleme der Welt. Jetzt ist es Zeit, diese Schatten zu integrieren, damit du die Dinge endlich von einem höheren Standpunkt aus sehen kannst. Das erlaubt dir, vorwärtszugehen und anderen zu helfen, ebenfalls vorwärtszugehen. Bewertungen sind das Gegenteil von Einfühlungsvermögen und Eingehen auf Hilferufe. Wenn du diese Schattenfiguren integrierst, gewinnst du dein Selbstvertrauen und dein Einfühlungsvermögen zurück und du wirst in der Lage sein, auf die Hilferufe um dich herum einzugehen. Diese Veränderung wird deinen Frieden und dein Vertrauen stärken.

Rivale

Der Rivale spiegelt eine Schattenseite von uns, die unbedingt gewinnen muss. Konkurrenzdenken ist die Wurzel jeden Konflikts; Rivalität entsteht durch verlorene Herzensbindung. Die Trennung durch dieses verlorene „Bonding" führt zu Angst, Mangelbewusstsein, einem Mangel an gemeinsamen Interessen und der Ansicht, anderen oder einer Situation nicht gerecht zu werden. Wir versuchen, Angst oder Minderwertigkeitsgefühle durch Konkurrenzdenken und Siege zu kompensieren. Der Rivale verdreht alle unsere echten Fertigkeiten und Gaben in ein Verhalten, das beweisen soll, dass wir die Besten sind. Er steckt in Dissoziation und Unabhängigkeit fest. Das wirkt sich negativ aus auf unsere Fähigkeit, ein guter Partner zu sein und zu empfangen. Da der Schatten des Rivalen in Wahrheit eine Verteidigungsstrategie ist, will er gar nicht wirklich vorwärtsgehen, weil das ja das Ego abschmelzen und die verlorene Herzensbindung wiederherstellen würde. Die Betonung liegt auf dem eigenen Sieg und der Niederlage des anderen; echter Erfolg wird damit durch die Verzögerung und die Ablenkung durch Wettbewerbsverhalten vermieden und dadurch, dass wir zu beweisen versuchen, dass wir die Besten sind. An der Oberfläche sieht es so aus, als ob wir ein Problem mit Menschen hätten, die ganz auf Wettbewerb ausgerichtet sind. Menschen, die diesen Schatten verdrängt, kompensiert und auf andere projiziert haben, fällt es meist sehr schwer, sich mit diesem Schatten zu identifizieren, weil er eines ihrer eigenen negativen Selbstbilder darstellt. Solche Schatten fungieren jedoch wie bleischwere Gewichte, die an uns hängen und unser Fortkommen im Leben behindern. Die Alternative wäre, dieses Verhalten auszuagieren. Der Rivale kann sich überall in eine Konkurrenzsituation begeben: Die Schule, in die seine Kinder gehen, Sport, die Höhe des Gehalts, Autos. Und sogar der Partner bzw. die Partnerin können mehr eine Trophäe werden oder ein Schmuck für ihr Ego, als ein echter Partner.

Wenn du diese Karte erhältst: Erkenne den Schatten des Rivalen in dir, der dich zurückgehalten hat und aufgrund dessen du so viel härter arbeiten musstest. Dieser Schatten führt dazu, dass du Partnerschaft genauso vermeidest wie Leichtigkeit, Freiheit und Intimität; er lässt dich immer sehr beschäftigt sein. Du stellst vielleicht fest, dass der Schatten des Rivalen bedeutet, dass du dich laufend beweisen musst. Dann drängst du dich und deine Umgebung ständig dazu, noch mehr zu leisten. Dieser Schatten ist auch deshalb trügerisch, weil er auf unsichtbare Weise gegen Partnerschaft und Teamwork wirkt. An der Oberfläche, als Kompensation dazu, spielst du jedoch vielleicht das beste Teammitglied der Welt. Es ist jetzt Zeit, diesen Schatten aufzulösen, der auf Angst und Mangel beruht. Bei jedem Schatten bewertest und attackierst du dich selbst; jetzt ist es also Zeit, diese falsche Sichtweise aufzugeben, um ein Gleichgewicht zwischen dem Männlichen und dem Weiblichen zu erzeugen, was zu besserer Partnerschaft und größerem Erfolg führt. Integriere jede Dissoziation oder Verleugnung, die über deinem Schatten liegt, sowie alle Rivalen-Schatten, die du hast. Integriere schließlich auch die negativen Emotionen, die vom Schatten versteckt werden. Das bringt dir die verlorene Herzensbindung zurück.

Schläger

Der Schlägertyp überrollt andere und beherrscht sie durch physische, emotionale oder verbale Kraft. Schläger wollen immer, dass alles nach ihrem Willen geht, und sie meinen, dass jeder ihnen etwas schuldet. Sie fordern andere dazu auf, dass sie selbst als etwas Besonderes behandelt werden. In einer Gruppe finden sie schnell einen Sündenbock, der schwächer oder anders ist. Sie etablieren sich als die Herrscher und fühlen sich angegriffen, sobald jemand ihre unausgesprochene Autoritätsposition in Frage stellt. In einer Gruppe tun sie sich meistens mit anderen zusammen und durch schiere Macht verlangen sie Gehorsam für ihre Art und Weise, Dinge zu tun. Unter dem Schatten des Schlägers steckt eine große Menge an Angst, da sein Verhalten das von „Kampf oder Flucht" ist, und daher immer auf Angst beruht. Die Schattengestalten des Schlägers und des Feiglings sind eng verwandt.

Wenn du diese Karte erhältst: In dir steckt die Schattenfigur des Schlägers. Überlege, wie du bisher mit diesem Schatten umgegangen bist. Handelst du selbst so? Agiert jemand in deinem unmittelbaren Umfeld so? Hat sich früher jemand in deiner Umgebung so verhalten? Oder hast du diesen Schatten völlig verdrängt? Mit diesem Schatten unterdrückst du zwar andere, aber dabei auch dich selbst. Er dominiert andere innere Selbstbilder. Du hast diese Schattengestalt vielleicht kompensiert, indem du besonders unterwürfig oder sanftmütig bist, aber die Spaltung in deinem Geist zusammen mit den Schuldgefühlen, der Angst und dem Konflikt aufgrund dieses Schattens halten dich zurück. Jetzt ist es Zeit, dich von diesem Bild zu lösen, das du von dir selbst als Schlägertyp hast. Frage dich, wie viele Schläger-Schatten in dir stecken. Stelle sie gedanklich vor dir auf; gehe um sie herum zu der Tür deines Geistes, hinter der die Gabe versteckt ist, von der diese Schattengestalten dich zurückzuhalten versuchten. Öffne die Tür und umarme und integriere die Gabe. Verschmelze dann alle Schatten zu einem großen Schlägertypen. Nun berühre den Schatten mit der Energie der Gabe, um den Schlägertyp selbst und all die Muster aufzulösen, die damit verbunden waren.

Schlampe

Als Schlampe wird jemand bezeichnet, der sich gerne auf Sex einlässt und eine bestimmte sexuelle Energie ausstrahlt, die typischerweise unverbindlich ist; eine Schlampe sucht einen schnellen Kitzel. Es kann sich auch um eine Person handeln, die wahllos im Umgang mit der eigenen Sexualität ist und sie einsetzt, um Vorteile zu erlangen. Wenn wir diesen Schatten haben, bewerten wir uns damit selbst als moralisch unzuverlässig. Wir haben unsere sexuelle Energie oder unsere Sexualität beurteilt. Wir sind hin- und hergerissen zwischen den Ansichten der Gesellschaft über Sex: Sei sexuell; sei nicht sexuell. Benimm dich! Das Ego triumphiert zulasten unserer Natürlichkeit und Unschuld. Wir fühlen, wie die Augen der Gesellschaft anklagend auf uns gerichtet sind, weil wir auf spielerische Weise „ungezogen" sind. Die Gesellschaft übertreibt Sexualität zu Pornographie und unterdrückt und verdrängt das dann in (Selbst-)Verleugnung. Wenn wir uns unsere Sexualität verwehren, dann attackieren wir damit unsere Lebenskraft und unser Selbstbild.

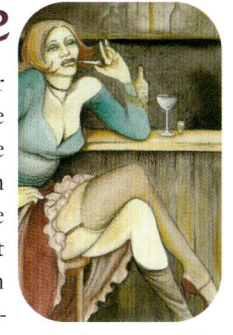

Wenn du diese Karte erhältst: Du hast deine eigene weibliche Sexualität angegriffen. Du hast dich, im Hinblick auf Sex, für einen Mangel an Integrität selbst verurteilt. Irgendwie wertest du dich selbst ab, weil du meinst, dass du zu sexsüchtig seiest. Das kann dazu führen, dass du sexuelle Genüsse suchst oder den Wunsch danach verdrängst oder beide Verhaltensweisen miteinander verbindest. So oder so: du bewertest und bestrafst dich. Vielleicht fragst du dich, wie du das denn anstellst. Indem du dich bewertest, hältst du was von dir fern? Wie sehr attackierst du dich selbst als eine Form von Selbstbestrafung? Was weigerst du dich zu empfangen? Welche Entschuldigungen benutzt du dafür? Es ist für die Partnerschaft wesentlich, dass du aufhörst, dich in Bezug auf deine weibliche, empfangende Sexualität anzugreifen. Es ist wichtig, dass du dich nicht bewertest, weil du sonst einen Teufelskreis kreierst von Bewertung-Abwertung oder Bewertung-Verdrängung. Du hinderst dich damit selbst daran, Freude zu empfinden und zu empfangen. Es ist Zeit, Sex als Vorteilsgabe, als Nutzfaktor, als eine Form der Selbsterniedrigung, als Bedürfnis, das auf Befriedigung drängt und als eine Waffe aufzugeben. Es ist jetzt Zeit, zu deiner Unschuld zurückzukehren, damit du Sexualität als einen Ausdruck von Natürlichkeit, Kommunikation und Liebe nutzen kannst. In Wahrheit ist Sex ein Mittel zur Heilung und ein wunderbarer Ausdruck der innigen Verbindung. Sex kann eine süße Form von Gemeinsamkeit in einem Meer der Getrenntheit darstellen. Wenn du diesen Schatten integrierst, gewinnst du große Anteile deiner selbst zurück und diese Energie kannst du dann für Fröhlichkeit, Charisma und Intimität nutzen.

Schurke

Der Schurke ist irregeführt. Er hat seine eigenen Bedürfnisse über die der anderen gestellt. Er hat sich zum wichtigsten Menschen erhoben und ist bereit, zu nehmen und anzugreifen, um seine Wünsche zu erfüllen, ohne Rücksicht auf das Wohlergehen anderer Menschen. Er ist den anderen gegenüber blind, weil sein Herz verschlossen ist. Er geht in die falsche Richtung und seine falsche Einstellung führt ihn in immer größeres Leiden hinein. Dieses Leiden erscheint ihm als ausreichende Rechtfertigung für sein Verhalten. In seiner Situation spielt der Schurke ein Spiel, bei dem einer gewinnt und einer verliert, was ihn früher oder später in seine Niederlage führt. Schurken sind Täter, denen es egal ist, ob sie anderen schaden und sie verletzen oder nicht, solange ihre eigenen Wünsche befriedigt werden. Ein Schurke leidet unter einer Persönlichkeitsstörung, die mit alten Herzensbrüchen und einer starken Dissoziation zu tun hat. Wenn er so weitermacht, dann geht es eines Tages über Verlangen und emotionales Nehmen hinaus bis zu kriminellem Verhalten.

Wenn du diese Karte erhältst: Du hast auf manchen Ebenen das Glaubensmuster, dass du ein Schurke seiest. Üblicherweise wirst du das projiziert haben, aber dich dennoch dafür selbst bestrafen, indem es in deiner Welt einen äußerlichen Schurken gibt. Das kann aber nur bedeuten, dass du dieses Selbstbild in dir trägst. Der Schatten des Schurken kann entstehen aufgrund einer Rolle als „Sündenbock" in der Familie, wobei eine Person zum „schwarzen Schaf" in der Familie wird. Diese Rolle übernimmt eine Person, um zu versuchen, auf diese Weise die Familie zu retten, indem man alle „Schlechtigkeit" der Familie auf sich selbst nimmt. Damit hat man natürlich niemals Erfolg. Eine Schattengestalt in dir setzt einen Teufelskreis in Gang von dunklen Schatten und Selbstbestrafung. Beim Schatten des Schurken gibt es noch mehr Selbstbestrafung. Negative karmische Muster entstehen so, weil du Dunkelheit erntest, wenn du Negativität säst. Jetzt ist die Zeit, dich von der Last des Schattens des Schurken zu befreien. Dein Glück hängt davon ab! Der Schurke versteckt deine Unschuld und dein Wesen. Wenn du diese jedoch erkennst und annimmst, wirst du mit allen guten Dingen gesegnet.

Schwarze Witwe

Das ist ein machtvoller Schatten, der meistens sehr tief vergraben ist. Die Schwarze Witwe hat mit Sexualität und Tod zu tun. Die Spinne, die „Schwarze Witwe" heißt, lädt ihr männliches Pendant zum Mittagessen und einem schönen Nachmittag ein. Nachdem sie sich gepaart haben, entdeckt der Spinnenmann, dass er das Mittagessen ist. Der Teil unseres Gemüts, der dieses dunkle Glaubensmuster enthält, kann ziemlich destruktiv und selbstzerstörisch sein. Auf einer tiefen unbewussten Ebene glauben wir, dass wir durch Sex schädigen oder töten könnten. Wir glauben, dass wir destruktiv für unsere Partner sind. Wenn wir diesen Schatten haben, können wir diese Muster einer negativen Selbstbewertung entweder ausleben, sie nach draußen projizieren oder sie gegen uns selbst richten. Dieses destruktive Selbstbild findet man häufig bei Witwen. Wenn Männer diesen Schatten haben, dann projizieren sie ihn meist auf ihre Partnerin. Frauen mit diesem Schatten sind entweder sehr sexy oder sie zeigen den Aspekt der „Femme fatale" der Schwarzen Witwe. Oder sie vermeiden aufgrund dieses Schattens jede Form von Partnerschaft. Einige der berührendsten Geschichten, die ich von Frauen gehört habe, welche diesen Schatten der Schwarzen Witwe in sich trugen, handelten davon, dass sie ihre wahre Liebe fortgestoßen hatten, um diesen ganz besonderen Mann nicht zu verletzen.

Wenn du diese Karte erhältst: Du trägst in dir ein Glaubensmuster deiner weiblichen Seite, dass du destruktiv seiest. Das hat dazu geführt, dass du oder andere sich von einer sexuellen Begegnung oder einer Beziehung abgewandt haben. Dieser Schatten wurde dann entweder auf andere projiziert oder du hast ihn auf destruktive Weise auf dich selbst gerichtet. Oder der Schatten hat dich dazu bewegt, dass du dich von dem, auf den du ihn projiziert hast, zurückgezogen hat. Entsprechend dieses Glaubensmusters hast du vielleicht auch einen Partner (oder eine Partnerin) aufgrund schlechter Gesundheit oder durch Tod verloren. Lass alle Schatten einer Schwarzen Witwe los und gewinne dein gesundes und gutes Erbe im Hinblick auf Beziehungen zurück. Jetzt ist die rechte Zeit, dass du alle deine Schatten der Schwarzen Witwe deinem höheren Geist zur Transformation übergibst. Sieh, welche Gabe du dafür erhältst. Nimm dir genug Zeit, um diese Gabe energetisch mit deinem Partner (oder Partnerin) und mit früheren Partnern (bzw. Partnerinnen) zu teilen.

Schwein

Das Schwein ist der Schatten der Person, die allen Schwächen nachgibt, die ihr Leben in Exzessen lebt und alle Maßstäbe verloren hat. Das Schwein befriedigt seine Sinne, weil es im Inneren eine Leere gibt, die es zu füllen sucht. Je mehr es sich auslebt, desto schlechter fühlt es sich, und das vergrößert seine innere Leere noch mehr, womit ein Teufelskreis entsteht. Das Schwein ist käuflich und grob und verletzt leicht die Gefühle anderer. Ob es sich elegant gibt oder ungehobelt ist, wird es auf die eine oder andere Art und Weise alle Grenzen überschreiten. Menschen mit diesem Schatten lassen sich in einem oder mehreren Lebensbereichen gehen. Sie sind in einem Teufelskreis der Nachgiebigkeit und Schwäche gefangen, die dann zu Schuldgefühlen führt, und schließlich zu irgendwelchen Opferhaltungen, um die Schuld aufzuwiegen. Der Teufelskreis von Aufopferung und Nachgiebigkeit gegenüber Gelüsten führt leicht in eine echte Sucht hinein. Die Schwäche befriedigt das Bedürfnis ja nicht. Vielmehr ist die Nachgiebigkeit ihr gegenüber ein Versuch, sich selbst für verlorene Herzensbindungen, Bedürftigkeit und Einsamkeit zu entschädigen, die wir vielleicht noch nicht einmal bewusst bemerken. Wenn wir unsere Schattengestalten abweisen, verstärken wir nur die Trennung und die Entfremdung, die wir spüren. Nur wenn wir das Schwein in uns akzeptieren und integrieren, finden wir Frieden und eine neue Ebene der Entwicklung. Je mehr wir die nachgiebige Schwäche gegenüber Gelüsten zurückweisen, desto mehr werden wir vermutlich über die Stränge schlagen und „die Sau rauslassen".

Wenn du diese Karte erhältst: Du hast mindestens ein Selbstbild von dir als „Schwein". Es kann sein, dass es stark genug ist, sich täglich zu zeigen oder nur einmal im Monat sein Haupt erhebt. Es kann durch Selbstverleugnung ausgelöst werden, Einsamkeit, Stress oder sogar dann, wenn du besondere Erfolge feierst. Du kannst da leicht in einen Kreislauf hineingeraten, in dem sich hartnäckige Nüchternheit mit Quartalssäuferei abwechseln. Je mehr du das Schwein bekämpfst, desto stärker wird es. Vergib dir selbst und dem Schwein und integriere seine Energie, um sie positiv in deinem Leben zu nutzen, anstatt dich selbst dafür niederzumachen, dass du dieses Muster hast.

Sklave

Der Sklave ist das Selbstbild, in dem wir nicht nur unsere Freiheit verloren haben, sondern auch Angst vor ihr haben. Die Wirkungsweisen von Freiheit, Wahrheit und Leichtigkeit sind synonym. Wenn wir also unsere Freiheit abwehren, dann gibt es einen Aspekt der Wahrheit, von dem wir gar nichts wissen wollen. Als Folge erleben wir große Schwierigkeiten und geben die Fähigkeit auf, für uns selbst zu entscheiden. Wenn wir Sklave sind, dann haben wir eine Entschuldigung, nicht selbständig vorwärtsgehen zu müssen. Wir haben in unser Ego investiert anstatt in unsere Seele und deshalb kennen wir unseren Spirit nicht. Unsere kümmerliche, ohnmächtige Position ist eine Konsequenz aus der Überzeugung, wir müssten uns für irgendeine Schuld selbst bestrafen. Dieser Glaube ist eine der schlimmsten Heimsuchungen der Menschheit. Sklaverei ist eine Form von Aufopferung, die wiederum eine Art der Rache ist, die wir an Gott oder Menschen üben, die uns nahe stehen. Wir zeigen ihnen, wie unglücklich sie uns gemacht haben, indem wir uns weigern zu empfangen und indem wir uns selbst niedermachen.

Wenn du diese Karte erhältst: Es ist wichtig zu erkennen, welche Situation, welche Beziehung oder welche Substanz du benutzt, um dich selbst zu versklaven. Wenn du deine Freiheit schätzt, wirst du realisieren, dass du diese Dinge benutzt hast, um dich selbst zurückzuhalten – aufgrund irgendeiner unbegründeten Angst. Wenn du all diese Dinge stoppst, wirst du nicht mehr von anderen ausgenutzt. Wenn du dich von diesen tief in dir vergrabenen Selbstbildern löst, kannst du auch andere Menschen von deren destruktiven Glaubensmustern befreien. Anderen zu helfen ist eine der schönsten und besten Möglichkeiten, dein Leben zu gestalten. Es macht Freude, „lohnt sich" und macht Sinn. Freiheit ist eines deiner größten Geschenke. Wenn du sie mit anderen teilst, nimmt sie zu. Sei bereit, alle versteckten Muster und Selbstbilder zu heilen, die dir deine Freiheit rauben oder sie einschränken. Dazu gehört auch die tiefe Ebene des Unbewussten, wo wir „Idole" und falsche Götter hingesteckt haben. Idole sind äußerliche Dinge, von denen du glaubst, dass sie dich glücklich machen. Geld, Macht, Sex, Ruhm, Essen, Drogen, Leiden, Krankheit, Grausamkeit und Kreuzigung zählen dazu. Im Versuch, mit ihrer Hilfe glücklich zu sein, wirst du zum Sklaven dieser Idole, aber sie können dich nie glücklich machen. Nur Geben, nicht Nehmen, macht dich glücklich. Wenn du deine Freiheit annimmst und verwirklichst, dann ist das ein machtvoller erster Schritt zu wahrem Glück.

Süchtige/r

Dieser Schatten, der zunächst in Abständen oder Wellen auftaucht, ist mit Selbsthass verbunden*. Wenn etwas gefeiert wird oder in stiller Verzweiflung lassen wir uns gehen oder trinken zu viel, „suhlen" uns in Gefühlen, gehen „frustshoppen" oder machen Glücksspiele. Wir geraten in einen Suchtskreislauf, der aber nur ab und zu ans Tageslicht kommt. Unser Suchtverhalten hat eine bestimmte blinde Routine erreicht. Wir lassen uns gehen, um unsere Gefühle zu vergessen und unserer Situation auszuweichen. Die Schuldgefühle und Eigenbestrafung, die daraus folgen, verstärken nur noch unser Suchtverhalten. Die

---

* In der englischen Vorlage „Binger", also jemand, der sich Fress- und Saufgelagen hingibt. Wie sehr viele Bezeichnungen der Archetypen und Schatten ist auch dies ein englisches „Kunstwort" des Verfassers, das nicht direkt ins Deutsche übersetzt werden kann.

Selbstbilder des Sucht-Schattens und wir befinden uns in einer unauflösbaren Verknüpfung von Selbstverachtung und Suchtbefriedigung. Dieser Schatten ist ein Konsument und ein Verschwender. Es gibt irgendetwas, dem wir aus dem Wege gehen und womit wir uns nicht beschäftigen – wir verstecken irgendetwas richtig Bedeutendes vor uns selbst. Wenn wir uns erst einmal gehen lassen, geraten wir außer Kontrolle und wir versuchen dann nur noch, die Depression abzuwenden. Wir lassen uns weiter gehen, bis wir nicht mehr zurück können. Der Süchtige hat mit Habgier zu tun. Wir versuchen – erfolglos – die Leere in uns zu füllen. Wir fühlen uns hilflos und verloren und lassen uns deshalb gehen. Sich gehen zu lassen als ein Suchtmuster beginnt als eine Form der Eigenmedikation, verwandelt sich jedoch rasch von einer Hilfe in eine vergiftende Sucht.

Wenn du diese Karte erhältst: Es gibt in dir einen Teil, der leer ist. Diese Leere lässt sich nicht mit Egostrategien füllen. Wenn man sie abwehrt und abspaltet, wird das Problem nur umso schlimmer. Du spürst Ebenen der Scham, Schuld und Angst, aber es gibt noch andere Ebenen, um die du dich kümmern musst. Du hast einen Mangel an Selbstachtung, Selbstwert und Selbstliebe, die du zu kompensieren versuchst, indem du dich gehen lässt. Deine Verteidigungsmaßnahme ist nun selbst zum Problem geworden. Es ist Zeit, Selbstakzeptanz, Selbstvergebung und Integration in die Gespaltenheit deines Bewusstseins zurückzubringen. Wenn du fortfährst, die Schichten des Konflikts zu integrieren, welche die Schattenseiten deines Bewusstseins dir zeigen und die anderen positiven Selbstbildern auf unterschiedliche Weise entgegenwirken, dann erreichst du schließlich die Quelle dunkler Emotionen, die im Kern deines Suchtverhaltens liegt. Du kannst sie einfach mit deinem höheren Bewusstsein integrieren; das erlaubt dir, die ganze Energie aller Teile deines Geistes zurückzugewinnen, die du abgespalten hast. Das gibt Fülle und Selbstvertrauen, um vorwärtszugehen.

Terrorist

Der Terrorist glaubt nicht nur an seine Sache, sondern auch, dass seine Überzeugung wichtiger als die Rechte und sogar als des Leben anderer Menschen sei. Er fühlt sich ohnmächtig und ist bereit, andere zu terrorisieren, um seiner Meinung Nachdruck zu verleihen. In unserem Bewusstsein schleicht der Schatten des Terroristen herum und sucht nach etwas, was wir aufgebaut haben und er nun zerstören kann. Dieser Konflikt in uns zeigt sich daran, dass Erfolge sich einstellen und dann unerwartet kollabieren, indem Niederlagen geschehen und wir aus unerwarteten Richtungen attackiert werden. Der Terroristen-Schatten kann jahrelang in uns schlummern wie eine Schläferzelle von Terroristen in einem Land und darauf warten, die perfekte Gelegenheit zu ergreifen, zum überraschendsten Zeitpunkt, um zuzuschlagen und Chaos zu stiften. Mit dem Terroristen-Schatten gehen Fundamentalismus und hinterhältige Verhaltensweisen einher. Da sich ein Terrorist ohnmächtig und einer Minderheit zugehörig fühlt, empfindet er seine Aktionen als gerechtfertigt. Ein Terroristen-Schatten in uns verhält sich ebenso.

Wenn du diese Karte erhältst: Heiße den Umstand willkommen, dass du einen solch destruktiven Schatten aufgespürt hast, bevor er die Chance hatte, in deinem Leben etwas „hochgehen" zu lassen. Bewusstheit ist immer der erste Schritt zur Heilung. Ohne eine solche Methode wie dem Gebrauch von Karten, die auf dem Gesetz der Synchronizität beruht, würdest du wahrscheinlich gar nicht wissen, dass du dich in Gefahr befunden hast, weil die Bereiche des Unterbewusstseins und des Unbewussten meist gut abgeschirmt sind. Diese Karten dienen als ein Frühwarnsystem sowie als ein Hilfsmittel, um Selbstbilder zu transformieren, bevor sie sich in deiner Welt als Drama und Zerstörung niederschlagen. Am leichtesten ist, diese irrtümlich entstandenen destruktiven Selbstbilder einfach in die Hände Gottes zu geben. Dann sieh zu und spüre, was

Er dir stattdessen zurück gibt. Es ist Zeit, sich von diesen versteckten Kräften des Selbsthasses zu befreien und ihre Energie für Frieden und Kreativität zu nutzen.

Teufel

Der Schatten des Teufels ist einer der dunkelsten Schatten überhaupt. Er repräsentiert eine der tiefsten Aufspaltungen des Egos. Zwar spiegelt jedes Selbstbild den verborgenen Wunsch nach Trennung wider, aber der Teufel ist die Verkörperung dieses Wunsches. Dieser Schatten beruht auf unserem stärksten Autoritätskonflikt, der sich gegen Gott auflehnen und Ihn vom Himmelsthron stoßen will, damit wir Seinen Platz übernehmen können. Das mag sich absurd anhören, aber in meiner professionellen Erfahrung hat sich das als eines der tiefsten Teile des Unbewussten erwiesen, welches an der Wurzel jedes einzelnen unserer Probleme liegt. Der Teufel ist der äußerste Ausdruck einer negativen Einstellung, von Eigensucht, Konkurrenzdenken und dem Wunsch nach Getrenntheit. Dieser Schatten kann die Verkörperung des Bösen und der Destruktivität repräsentieren. In diesem Fall stellt der Teufel unser eigenes negatives Selbstbild dar, für das wir uns dann selbst pflichtgemäß bestrafen und uns selbst in einer Hölle aufhalten. Dieser Schatten ist meistens zutiefst verdrängt und wird stark kompensiert. Das kann zu einer richtig dissoziierten Unabhängigkeit führen, zu Angst vor Intimität und zu Besitzansprüchen, sowohl in Beziehungen als auch im Hinblick auf dämonische Kräfte. Auf der tiefsten Ebene ist Angst die Anziehungskraft, welche genau das anzieht, wovor wir uns fürchten.

Wenn du diese Karte erhältst: Du hast Glück in dem Sinne, dass du jetzt ein zentrales Glaubensmuster heilen kannst, das die Quelle für so viele deiner Eigenangriffe war. Solche diabolischen Selbstbilder und all die Energie, die man für ihre Kompensation verwendet, können nun der Ganzheit wieder hinzugefügt und auf Frieden gerichtet werden, während du sie integrierst. Deine Energie, die in einen Schatten geflossen ist, war ursprünglich für Liebe und Kreativität bestimmt. In dieser Form wird die Energie dir Freude bringen, anstatt dich in der Schattengestalt in den Höllen deines Unbewussten und deines Alltagslebens einzusperren. Wo du früher rebelliert und Probleme aufrechterhalten hast, wirst du nun auf eine neue Ebene von Einheit in dir transformiert. Dass Herzensverbindungen mit anderen entstehen, ist die Folge.

Trunkenbold

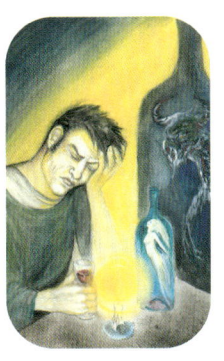

Der Trunkenbold sucht nach Antworten außerhalb seiner selbst. Irgendwie glaubt er, dass Trinken ihn rettet. Er möchte seine Sorgen ertränken und seine Mühen leichter machen. Er (oder sie) möchte seine Lasten abwerfen können. Er möchte, dass irgendetwas bewirken möge, dass er sich gut fühlt und der Schmerz aufhört. Er möchte durch das Trinken glücklich werden. Er befindet sich in einem Teufelskreis von Opfer und Suchtverhalten in einer Spirale, die immer tiefer führt. Wenn er trinkt, erlaubt er sich, Dinge zu sagen und zu tun, die er normalerweise nicht sagen und tun würde. Der Trunkenbold ist entweder ein ständiger starker Trinker oder ein „Quartalssäufer", aber selbst wenn er völlig abstinent lebt, ist er vom Alkohol abhängig. Der Trunkenbold versucht seinen Selbsthass zu verstecken, schafft es aber nur, noch mehr davon zu erzeugen. Er sucht nach Gott in einer Flasche. Wenn wir den Schatten des Trunkenbolds haben, dann haben wir uns selbst abgeurteilt und verworfen, weil wir Trinker und süchtig sind. Als Folge trennen wir uns entweder noch mehr von uns selbst oder wir verstärken unser Verhalten durch Bestärkung dieses Selbstbildes noch weiter. Manchmal schwingen wir hin und her zwischen Dissoziation und Abspaltung oder dem Ausagieren eines solchen Schattens. Da wir Schattengestalten prinzipiell leugnen bzw. verdrängen, sogar, wenn wir sie ausleben, sind wir ihnen gegenüber blind. Aber nur wenige Menschen in unserer Umgebung sind blind dafür und so lassen wir eine Spur von Ablehnung und Tränen hinter uns.

Wenn du diese Karte erhältst: Du hast ein verstecktes oder offenes Selbstbild vom Trunkenbold in dir. Da es einen Teufelskreis gibt zwischen Alkoholabhängigkeit und Aufopferung, trägst du vermutlich auch die Schatten des Opfers, des Märyterers und des Süchtigen in dir. Frage dein Bewusstsein ganz intuitiv, wie viele dieser Schattengestalten du noch hast. Der Trunkenbold ist auf dem Weg nach unten. Ob es Monate oder Jahrzehnte dauert, dort unten anzukommen, ist es doch entscheidend für dich, dass du erkennst, was hier vor sich geht, und dass du das jetzt heilst. Gleich, wann du angefangen hast, an dieses Selbstbild zu glauben – irgendwann früher in diesem Leben, in der Familie übertragen oder von einer Seelenebene mitgebracht –, kann es nur dein Leben zerstören, deine Beziehungen, deine Arbeit und deine Gesundheit. Stelle dir vor, dass es einen schimmernden Teich voller herrlicher Farben gäbe, dessen Wasser von einem Engel bewegt wird. Lass all deine Schattenfiguren des Trunkenboldes in diesen Teich hineinsteigen und dort zerschmelzen. Lass danach die anderen Schattengestalten, die sich unter dieser versteckt haben, wie das Opfer und so fort, ebenfalls in diesen Teich hineinsteigen und sich darin auflösen. Schließlich gehe selbst in den Teich und absorbiere nun die gesamte Lichtenergie wieder in dir, die du jetzt auf positive Weise nutzen kannst.

Vampir

Ein Vampir ist ein extremer Ausdruck von jemandem, der nur nimmt, der sich einfach Dinge greift und an sich reißt. Der Vampir nimmt so viel, dass wir uns vielleicht fühlen, als ob uns das Lebensblut ausgesogen würde. Das passiert meist auf einer energetischen Ebene, kann aber auch überall dort auftreten, wo es Geben und Nehmen gibt. Beziehungen, Vitalität, Sexualität, Geld, Erfolg und Macht sind einige der Bereiche, in denen dieser Schatten auftreten kann. Eine Frau, die diesen Schatten stark in ihrem Unterbewusstsein mit sich herumtrug, nahm an einem meiner Seminare teil. Sie kam in den Raum, setzte sich neben einen Studenten und legte später freundschaftlich ihren Arm um seine Schultern. Zehn Minuten später hatte der junge Mann Schulterschmerzen. Ich bemerkte, wie sie von der ganzen Gruppe Energie stahl, seit dem Augenblick, als sie in den Raum gekommen war. Ich sprach mit ihr darüber, was sie unbewusst tat, und sie erzählte mir, dass ihr Mann und ihre Kinder ihr aus dem Weg gingen. Sie verließen sogar ein Zimmer, wenn die Mutter hereinkam. Während wir darüber sprachen, wurde ihr Muster ihr bewusst und sie war bereit, den Vampir-Schatten in sich zu integrieren. Das hatte eine unmittelbare heilsame Wirkung auf sie und ihre Familie.

Wenn du diese Karte erhältst: Prüfe, wie viele Vampirschatten du hast. Dazu kannst du einfach deine Intuition benutzen und dich selbst fragen. Solche Selbstbilder sind ein Schlüsselfaktor für Eigenattacken und Minderwertigkeitsgefühle. Weil du spürst, dass du die Energie von anderen absaugen musst, kommt zum Vampir-Schatten oft auch noch der Dieb hinzu. Du könntest dich fragen, wofür du dieses Schattenbild benutzt. Auf welche Weise ist es dir dienlich? Jedes Selbstbild hat sein eigenes logisches System und bestimmte Ziele, die es verfolgt, und es trägt dir einen Job auf. Es hält dich auf Trab. Sobald es aber irgendeine Form des Nehmens gibt, blockiert es deine Fähigkeit zu empfangen. Wenn du an diesem Schatten des Vampirs festhältst, dann baust du damit nur Schuldgefühle auf, wohinter sich die Angst vor deinem Lebenszweck versteckt und eine Auflehnung gegen Gott. Integriere deinen Vampirschatten oder lass ihn los, und du wirst eine neue Ebene von Unschuld und Leichtigkeit erfahren.

Verflucher/in

Als Schattenfigur ist der Verflucher bzw. die Verflucherin sowohl destruktiv als auch autodestruktiv. Das ist jemand, der seine geistigen Kräfte benutzt, um andere anzugreifen. Das wird übrigens bei der verfluchten Person selbst keinerlei Wirkung zeigen, es sei denn, dass er oder sie an die Macht des Verfluchens glauben, oder falls sie Schuldgefühle haben oder falls sie selbst andere verfluchen. Diese Glaubensmuster machen sie dann empfänglich für die Wirkung von Verfluchungen. Viele Menschen verfluchen andere, ohne sich dessen bewusst zu sein. Und dann gibt es solche Leute, die andere bewusst und absichtlich verfluchen. Normalerweise entsteht eine Verfluchung aufgrund von Hass und sie richtet sich darauf, einen anderen Menschen zu zerstören. Aber alles, was wir anderen wünschen, wünschen wir uns immer auch selbst, und alles, was wir anderen antun, tun wir uns selbst an. Eine Schattengestalt ist ein Selbstbild, das nicht notwendigerweise wahr ist oder das unbedingt ausagiert werden müsste, sondern es deutet auf das hin, was wir von anderen halten und über uns selbst meinen. Dann behandeln wir uns entsprechend dieser negativen Selbstbilder und Glaubensmuster.

Wenn du diese Karte erhältst: Erkenne, wo in deinem Bewusstsein dieser Schatten in dir existiert und wie er an dir nagt. Du glaubst vielleicht, einem anderen mit deinen Verwünschungen geschadet zu haben und nun bestrafst du dich selbst dafür. Wenn du diesen Schatten in dir trägst, bedeutet das, dass du an Verfluchungen glaubst, und das öffnet dich dafür, verwünscht zu werden. Der Glaube, dass du dich selbst als Verflucher bzw. Verflucherin siehst, ist vielleicht aufgrund von Irrtümern in deiner Kindheit entstanden, oder du hast diese Ansicht auf einer unbewussten Ebene in dieses Leben mit hineingebracht. Das bedeutet, dass sie über die Ahnen weitergetragen oder als eine Seelengeschichte mitgebracht wurde. Du sollst wissen, dass alle Wirkungen von Verwünschungen oder durch den Verflucher-Schatten ganz einfach zerstreut werden können, weil sie nicht der Wahrheit entsprechen. Nutze die Wahrheit, um dich selbst zu befreien. Nutze deine neue Offenheit und die Wahrheit, um andere von den Wirkungen von Verfluchungen zu befreien. Entscheide dich, nicht mehr daran zu glauben, dass Verwünschungen dich schädigen könnten. Sei innerlich und äußerlich abweisend und nicht aufnahmefähig für das, was unwahr ist. Verwandle alle Verwünschungen in Segnungen – durch Wahrheit, Gnade und die Macht deines Bewusstseins. Segnungen sind das Gegenteil von Beurteilungen und sie können dir und anderen nur Gutes bringen.

Verräter/in

Das ist einer der schlimmsten Schatten, die wir in uns tragen. Er dient dazu, hohe Ebenen der Meisterschaft und der Mystik zu blockieren sowie die Archetypen des Hohepriesters und der Priesterin. Verrat ist ein Bestandteil fast aller menschlichen Beziehungen. Es gibt einen Teufelskreis zwischen Verrat und Selbstbetrug. Verrat ist der Versuch, durch Unloyalität einen Vorteil zu erlangen. Wir verraten jemand anderen, damit es uns besser ergeht – Verrat ist eine Form von Habgier. Jeder Verrat gibt uns Schuldgefühle und wir versuchen, unsere Schuld abzuzahlen, indem wir von anderen verraten werden. Wenn wir im Berufsleben oder in der Partnerschaft betrogen werden, glauben wir – oft irrtümlich –, dass wir einen oder beide unserer Eltern verraten hätten. Der Glaube, dass wir unsere Eltern verraten hätten, wird normalerweise verdrängt, wirkt aber dennoch destruktiv. Wir bestrafen uns auf vielfache Weise, besonders, indem wir selbst betrogen werden. Der Glaube an Verrat beginnt mit unserer Beziehung zu Gott. Wir meinen irrtümlich, dass wir Gott verraten hätten. Das ist das Schuldgefühl der so genannten „Erbsünde" – jener ursprünglichen Trennung, die aufgrund eines Autoritätskonfliktes entstand. Der Verräter bzw. die Verräterin ist für uns so hassenswert, dass wir ihn abgespalten, verdrängt und auf die Welt projiziert haben, was wir ja mit allen Schattenfiguren tun. Aber dennoch attackieren wir uns wegen dieses Schattens entweder selbst oder lassen das andere für uns erledigen.

Wenn du diese Karte erhältst: Du bekommst jetzt eine Chance, eine der Schattengestalten zu heilen, die dich am meisten zerstören können. Der Verräter hat eine tiefe Spaltung und einen Konflikt in deinem Bewusstsein erzeugt, und dein Ego benutzt das, um Gnade und die Erfahrung Gottes zu blockieren. Wie alle anderen Schatten ist auch der Verräter ein Selbstbild. Er ist ein Glaubensmuster, das wie ein Softwareprogramm wirkt, das die Geschichten unseres Lebens schreibt. Wenn du oder jemand anderes die Rolle des Schattens übernehmen, wird der Verräter Chaos in deinem Leben verursachen, sei es durch Bestrafung von anderen oder von dir selbst. Jetzt ist die Zeit, alle Verräter-Schatten zu integrieren. Wenn wir das tun, kommt eine völlig neue Ganzheit ans Licht und wir können unser Bewusstsein wieder auf Gott und das Himmelreich ausrichten. Indem wir unsere Schuldgefühle loslassen, wird die spirituelle Ausrichtung wieder ganz natürlich für uns und wir spüren erneut die Verbindung mit dem Himmel.

Versager/in

Die Aussicht darauf, ein Versager oder eine Versagerin zu sein, schreckt uns. Wir leben in einer erfolgsorientierten Gesellschaft. In unserer getriebenen Gesellschaft arbeiten wir auf Erfolg hin zu Lasten von Intimität und Beziehungen. Wir sammeln Schattengestalten in uns an, indem wir sie von einer Seelenebene mitbringen, um bestimmte Lektonen zu lernen. Wir können sie von den Ahnen erben und übernehmen, aufgrund von Selbstbewertung und Selbstablehnung, oder wir nehmen sie als Konsequenz von Familienentwicklungen auf, die uns für tiefe Versagensgefühle kompensieren lassen, die mit Familienrollen zu tun haben. Außer, wenn unsere Familie innig verbunden und erfolgreich war, tragen wir alle die Selbstbilder des Versager-Schattens in uns. Versagen ist sein eigener Teufelskreis von Selbstbildern, weil der Versager-Schatten Angstgefühle zukünftigen Versagens mit sich bringt, was wiederum zu Versagenserfahrungen führt und unser Versager-Selbstbild noch verstärkt. Wie bei jedem Schatten spüren wir Schuld und bestrafen uns selbst. Das hilft uns nicht dabei, die Fähigkeit zu Erfolg zu entwickeln. Das Ausmaß, zu dem wir den Versager bzw. die Versagerin in uns haben, bestimmt auch das Maß, wie sehr wir uns wertlos fühlen und sterben wollen.

Wenn du diese Karte erhältst: Es ist Zeit, einige der tiefen Kompensationsmuster zu heilen, die dich deiner Fähigkeit berauben zu empfangen. Während alle Schatten zu Schuldgefühlen führen, lässt dich der Versager-Schatten meinen, du wolltest sterben. Deine Schatten programmieren viele der Erfahrungen deines Lebens und so sorgt die Schattengestalt des Versagers natürlich ebenso für entsprechende Erfahrungen. Eines der besten Dinge, die du für dich und deinen Erfolg tun kannst, besteht darin, deine Selbstbilder des Versagens aufzulösen; das wird dir in allen Bereichen deines Lebens helfen, denn dahinter steckt ein Doppelangriff auf dein Selbstvertrauen und deine Heilung. Frage dich, wie viele Versager-

Schatten du hast. Dann übergib all deine Versager-Schatten an dein höheres Bewusstsein. Bitte darum, dass sie vollständig in zuversichtliche und erfolgreiche Energie umgewandelt werden. Dein aufrichtiger Wunsch danach sichert dir den Erfolg. Befreie dich jetzt.

Verstecker/in

Der Verstecker hat Angst, das heilige Versprechen seiner Seele zu halten. Dieses Versprechen erscheint einfach zu groß und der Verstecker glaubt, dass er das unmöglich schaffen kann. Das ist ein alter Egotrick, damit wir vergessen sollen, dass wir unsere Bestimmung ja gar nicht allein verwirklichen müssen, sondern dass dies durch Gnade erfolgt. Natürlich wird unsere Bestimmung als zu groß erscheinen, wenn wir versuchen, sie ganz allein zu erfüllen; und dann meinen wir, es sei ohnehin völlig unmöglich. Die meisten der Kindheitstraumata, die wir durchleben, und eine ganze Menge an Problemen, Krankheiten und Konflikten richten sich auf das Verstecken, als eines ihrer wichtigsten unterbewussten Ziele. Wenn wir uns verstecken, haben wir nicht nur vor unserer Bestimmung Angst, sondern auch vor uns selbst, vor unseren Gaben und vor unserer Größe. Also weigern wir uns, nach vorn zu treten und unsere natürliche Position einzunehmen. Der Schatten des Versteckers (bzw. der Versteckerin) geht üblicherweise Hand in Hand mit der gleichnamigen Verschwörung sowie der Kleinheitsverschwörung. Der Verstecker-Schatten mag sich aufgrund von Kompensation sogar in jemandem verbergen, der sich in der Außenwelt anscheinend ungerührt zeigt und engagiert. Aber diese Menschen fühlen sich dann wegen des in ihnen wohnenden Schattens nie ganz erfüllt. Der Schatten nimmt sowohl die Form einer unsichtbaren Mauer auf dem Lebensweg an wie die Form eines schweren Gewichts, das man hinter sich her zieht.

Wenn du diese Karte erhältst: Du hast einen Verstecker-Schatten in dir, der dich davon abhält, nach vorn zu gehen und echten Kontakt mit dem Leben aufzunehmen. Ein solcher Kontakt ist die einzige Möglichkeit, wie du in Beziehungen, im Beruf und im Leben Erfolg haben kannst. Dieser Schatten wird meistens von Kompensationen zugedeckt, so dass es aussieht, als ob du all die richtigen Dinge machst, aber trotzdem nicht viel Glück auf deinem Weg vorwärts erlebst. Es ist Zeit, dass du dich fragst, wie viele Verstecker-Schatten in dir sind. Verschmelze sie zu reinem Licht und Energie. Nimm alle Kompensationen und Abwehrmechanismen, die du benutzt hast, um den Verstecker-Schatten zu verstecken und lass sie gleichfalls ganz zu ihren reinen Energie und ihrem Licht zerschmelzen. Integriere und verbinde beide Energien. Absorbiere diese reine Energie dann wieder in dir und lass dein höheres Bewusstsein die Führung darüber übernehmen. Lege deine Beziehung und deine Karriere in die Hände deines höheren Bewusstseins, damit das, was dich entweder angetrieben oder blockiert hatte, geheilt werden kann. Auf diese Weise wirst du die wahre Bedeutung von Intimität und Erfolg erkennen.

Verwundeter Heiler

Diese Schattengestalt war früher ein heilender Archetyp; was jedoch früher eine Gabe gewesen war, ist nun zum Symbol einer Aufopferung geworden. In früheren Zeitaltern nahm jemand, der ein Heiler werden wollte, eine eigene Verwundung auf sich, und das gab einer Person das Einfühlungsvermögen und das Verstehen von Verletzungen. Indem wir lernten, unsere Wunde zu heilen, lernten wir auch, überhaupt zu heilen. Aber die meisten unter uns haben die eigene Heilung nie vollendet, obwohl wir weiterhin um uns herum behandelt haben. Die eigene innere Wunde bleibt also, bis wir schließlich auch uns selbst heilen. Viele Male haben wir als verwundeter Heiler uns selbst aufgegeben und dennoch bemühen wir uns, so vielen anderen Menschen zu helfen wie möglich, bevor wir gehen. Das Opfer des verwundeten Heilers hat einen dunklen und manchmal tragischen Glorienschein. Wir erlangen dadurch eine gewisse Besonderheit und ziehen mit diesem Schatten Aufmerksamkeit auf uns. Als verwundeter Heiler schließen wir uns selbst nicht in die Heilung ein, und so kann es keine Ebenbürtigkeit und Partnerschaft geben. Was wir mit Hilfe von Aufopferung erreicht haben, hätten wir auch ohne sie schaffen können. Das Mitgefühl, das wir über den verwundeten Heiler anderen Menschen zukommen lassen, muss auch uns wieder erreichen. Sonst lehren wir Heilen und Opfern, und das ist eine chronische Form eines Mangels an Heilung.

Wenn du diese Karte erhältst: Du als Heiler sollst dich nun vor allem selbst heilen, das ist jetzt am wichtigsten. Jeder Schatten ist ein Konflikt mit dem Bewusstsein der Persönlichkeit, aber manchmal bricht der Schatten aus und übernimmt die Herrschaft. Du erkennst diesen Schatten daran, dass du jedermann auf die wunderbarste Weise ständig geben möchtest, dir selbst aber überhaupt nichts gibst. Wenn du nicht willst, dass deine Lieben, besonders deine Kinder, in deine Fußstapfen der Aufopferung treten, aufgrund ihrer Liebe zu dir, dann musst du dich ändern. Du wirst jetzt aufgefordert, allen deinen Schattenfiguren des verwundeten Heilers zu vergeben und dich selbst in wahre Partnerschaft einzubringen, mit allem was dann folgt, wie Erfolg und Intimität. So entsteht Leichtigkeit und Fließen. Wie alle anderen Schatten auch, zehrt der verwundete Heiler und nagt an dir von innen. Falls du in einem Heilberuf bist, kann der Schatten des verwundeten Heilers zu einem verkürzten und härteren Leben führen, womit deine Dienste und deine Wirksamkeit eingeschränkt werden. Heiler, heile dich selbst! Deine Entscheidung zur eigenen Heilung macht den Weg für kommende Generationen von Heilern sicherer.

Waise

Die Rolle des oder der Waisen ist eine Form von Aufopferung. Sie stellt sich ein, wenn wir uns im Versuch, die Familie zu retten, selbst verlieren. Wenn wir in diese verzweifelte Situation geraten, überleben wir emotional kaum noch. Wir haben entschieden, dass die beste Form, der Familie zu helfen, darin besteht zu verschwinden. Das Ergebnis ist, dass wir entweder zu einem „Geist" in der Familie werden, der fast nichts zum Überleben braucht, oder dass wir entweder die Familie verlassen oder fortgeschickt werden. Obwohl uns dabei das Herz bricht, opfern wir uns, um die Familie zu retten. Das ist uns wichtiger als unsere persönliche Sicherheit oder die Tatsache, dass wir mit zur Familie gehören. Jeder von uns hat diese Rolle schon einmal gespielt im Bemühen, die Familie zu retten. Für manche Menschen ist das die am wenigsten erkannte Familienrolle, vor allem dann, wenn wir später den Helden oder den Charmeur gespielt haben. Der bzw. die Waise kann in uns auch auf unbewussten Ebenen oder Ahnenebenen stecken, und wir haben einen solchen Schatten dann stark kompensiert. Es ist ein Schatten, der mit Verlust und Trauer zu tun hat und mit sogar noch substanzielleren Ebenen von Eigenangriff als bei den meisten anderen Schatten.

Wenn du diese Karte erhältst: Du hast ein verstecktes Muster des Verlassenwerdens in dir. Das ist in Wahrheit ein Verlassen deines Selbst und anderer. Der bzw. die Waise führt dazu, dass du dich wie ein Außenseiter fühlst. Wenn sich diese Familienrolle mit der des Märtyrers verbindet, kann das zu starken Todessehnsüchten führen, um durch den eigenen Tod der Familie vermeintlich zu helfen. Du kannst verschiedene Formen des oder der Waisen auf Menschen in deiner Umwelt projizieren. Du bemerkst die Muster und Gefühle des Waisenkindes in dir selbst, oder du hast diesen Schatten so weit verdrängt, dass du nicht viel davon siehst, außer unbestimmten Anzeichen, die sich auf alle möglichen Schatten beziehen können. Dazu zählt die Unfähigkeit vorwärtszugehen, obwohl du alle richtigen Dinge unternimmst, und dich dann noch selbst anzugreifen. Wenn du einmal erkannt hast, dass der bzw. die Waise in dir steckt, ist es wesentlich, diesen Schatten zu integrieren, um eine neue Ebene der Ganzheit zu erreichen. Das wird dir mehr Selbstvertrauen geben und dich zurück in den Fluss des Lebens bringen, was notwendig ist, wenn du den nächsten Schritt machen willst.

Zerstörer

Der Zerstörer ist ein Schatten rücksichtsloser Destruktivität. Er will einen Gegner nicht nur besiegen, sondern zerstören. Der Zerstörer zerbricht die Opposition und dann vernichtet er sie. Er schlägt alles kurz und klein und hinterlässt nur Ruinen. Der Zerstörer ist der reuelose Verderber von Träumen. Er zerreißt jeden, der sich ihm in den Weg stellt. Er verwüstet unbarmherzig alle und alles, was auf seinem Weg zu seinem Ziel ist. Er ist derart von sich selbst entfremdet und abgetrennt, dass er die Gefühle und Bedürfnisse anderer Menschen völlig missachtet, während er alles in Schutt und Asche legt. Selbstverständlich zerstört sich der Zerstörer am Ende auch selbst, weil er sich dasselbe antun muss, was er anderen antut. Erst spaltet er sich von seinem Selbst ab, dann entmenschlicht er sich und setzt sich herab, und dann verhält er sich anderen gegenüber genauso. Mit einer Schattengestalt des Zerstörers kommt es zu einem Teufelskreis zwischen Zerstörung und Selbstzerstörung.

Wenn du diese Karte erhältst: Du wirst aufgefordert, alle Glaubensmuster im Hinblick auf deine Destruktivität zu heilen, zusammen mit den Mustern, die du daraus vielleicht gebildet hast. Deine Gedanken erschaffen die Welt, die du erlebst. Dein Glauben an dich selbst als den Zerstörer kann auf Naturkräfte außen projiziert werden, du kannst ihn selbst ausleben oder du erfährst ihn über jemanden in deiner näheren Umgebung. Diese Schattenfigur kann dein Leben ruinieren und das Leben der Menschen um dich herum. Es ist Zeit, dein Bewusstsein zu reinigen und zu klären und aufzuhören, in diese negativen Gedanken und Muster zu investieren, damit sie keinen Schaden anrichten – für dich, dir liebe Menschen und die Welt.

Anhang

Übersicht über die ursprünglichen englischen Bezeichnungen

Der Verfasser hat für die englische Originalausgabe eine Reihe von selbst und neu geschaffenen Begriffenen für die Archetypen und Schatten verwandt (sowie auch fremdsprachige), die nicht unmittelbar ins Deutsche übersetzt werden können. Eine zusätzliche Nuance bewirkt die Tatsache, dass die deutsche Sprache bei Substantiven fast immer ganz klar ein Geschlecht bezeichnet, anders als im Englischen. Deshalb musste von Fall zu Fall entschieden werden, welche Sprachform für einen Begriff gewählt wird, wobei es eben auch immer alternative Meinungen dazu geben kann. Hier eine Übersicht für LeserInnen, die ein zusätzliches Gespür für die englischen Begriffe entwickeln möchten (nach dem englischen Alphabet, so, wie sie in der Originalausgabe erscheinen).

Archetypen

1) Adept: Adept
2) Verbündeter: Ally
3) Engel: Angel
4) Berserker: Berserker
5) Bodhisattva: Bodhisattva
6) Häuptling: Chief
7) Clown: Clown
8) Erdmutter: Earth mother
9) Gute Fee: Fairy Godmother
10) Freund/in: Friend
11) Genie: Genius
12) Gott: God
13) Göttin: Goddess
14) Heiler/in: Healer
15) Held: Hero
16) Hohepriester: High priest
17) Hausmutter: Homemaker
18) Die Gerechte: Just
19) König: King
20) Das junge Mädchen: La jeune Fille

21) Lebendige Schönheit: Living Beauty
22) Liebhaber: Lover
23) Magus: Magus
24) Mann: Man
25) Bote: Messenger
26) Mystiker/in: Mystic
27) Nymphe: Nymph
28) Der alte Weise: Old Wise Man
29) Die alte Weise: Old Wise Woman
30) Optimist: Optimist
31) Paladin: Paladin
32) Pionier: Pioneer
33) Beschützer: Protector
34) Versorger/in: Provider
35) Puer Aeternus: Puer Aeternus
36) Königin: Queen
37) Sankt Nikolaus: Santa Claus
38) Schamane: Shaman
39) Star: Star
40) Kraftmensch: Strongman
41) Tantrika: Tantrica
42) Lehrer: Teacher
43) Krieger: Warrior
44) Der weise Narr: Wise Fool
45) Frau: Woman

Schatten

1) Verräter/in: Betrayer
2) Süchtige/r: Binger
3) Schwarze Witwe: Black Widow
4) Boss: Boss
5) Schläger: Bully
6) Betrüger/in: Cheat
7) Rivale: Competitor
8) Kritiker: Critic
9) Verflucher/in: Curser
10) Dunkle Göttin: Dark Goddess

11)	Zerstörer:	Destroyer
12)	Teufel:	Devil
13)	Trunkenbold:	Drunk
14)	Versager/in:	Failure
15)	Fette:	Fatso
16)	Kämpfer/in:	Fighter
17)	Narr:	Fool
18)	Verstecker/in:	Hider
19)	Invalide:	Invalid
20)	Richter:	Judge
21)	Faulpelz:	Lazy Bones
22)	Lustmolch:	Lecher
23)	Märtyrer/in:	Martyr
24)	Geizhals:	Miser
25)	Monster:	Monster
26)	Mörder:	Murderer
27)	Nörgler/in:	Nagger
28)	Waise:	Orphan
29)	Außenseiter/in:	Outsider
30)	Schwein:	Pig
31)	Raubtier:	Predator
32)	Prostituierte:	Prostitute
33)	Prüde/r:	Prude
34)	Rebell:	Rebel
35)	Sklave:	Slave
36)	Schlampe:	Slut
37)	Dummkopf:	Stupid
38)	Terrorist:	Terrorist
39)	Dieb/in:	Thief
40)	Folterknecht:	Torturer
41)	Vampir:	Vampire
42)	Opfer:	Victim
43)	Schurke:	Villain
44)	Hexe:	Witch
45)	Verwundeter Heiler:	Wounded Healer

Einige weitere Kartensets und Bücher von Chuck Spezzano

(Vollständige Liste über Psychologie der Vision DACH; s.u.)

Karten der Heilung:
Die Hilfe, um alte Verschwörungsmuster zu erkennen und zu lösen und die eigenen Talente zu sehen und zu nutzen. Ausführliches Praxisbuch mit 90 Karten im Set. Erschienen bei AGM, Edition Urania, Neuhausen/Schweiz.

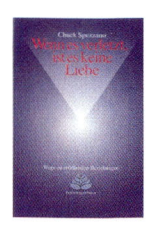

Wenn es verletzt, ist es keine Liebe:
Der Bestseller zu Beziehungsfragen! Als gebundenes Buch erschienen im Verlag Via Nova, Petersberg; als Paperback bei Random House, Edition Arkana, München.

Es muss einen besseren Weg geben:
Das Grundlagenbuch zur Darstellung wichtiger Einsichten und Elemente der Psychologie der Vision. Erschienen im Verlag Via Nova, Petersberg.

Kontakt Psychologie der Vision DACH
Telefon: +41(0)78-638 27 70
E-Mail: DACH@psychologyofvision.com
Webseite: www.psychologyofvision.com/DACH